佛教美術全集 拾伍

蓮華接翠觀音寺

馬元浩◆攝影

藝術家出版社

【目 錄】

【序言】

近二十年來，我與大慈大悲的觀世音菩薩結下了不解之緣。因爲這個緣分，我奔波於中國的山水之間，尋訪各地的廟宇，拍攝了許多古代雕塑觀音照片，一九九四年由上海古籍出版社出版了《中國雕塑觀音》畫冊，一九九七年由台灣藝術家出版社出版了《雙林寺彩塑佛像》畫冊。在香港、上海、青島、揚州和台灣的台北、花蓮、台中、台南、苗栗、南投等地舉辦了「中國雕塑觀音」和「觀音在人間」專題攝影展。

隨著經驗和閱歷的積累，我瞭解到，中國的名山大川之中還有十幾處廟宇、石窟的古代雕塑觀音十分精彩，我尚未涉足。爲此，我許諾：一定要在近年內尋訪到這些觀音，完成攝全中國的雕塑觀音這一心願。這也是我的一個生活目標。

二〇〇四年的一天，四川畫友蘇國超先生告訴我，他剛去過成都附近新津縣的一個觀音寺，發現那裡一尊「飄海觀音」的形象特別好，希望我去看看。蘇先生是當地很出名的畫家，他的眼光一定不會錯。從那一天起，我心裡就一直惦記著這一尊「飄海觀音」，尋找著機會。不久，機緣就出現了。

二〇〇五年初海南島博鰲建成荷花館，有關方面請我任館長。館內的佛教陳列室陳列的都是我的雕塑觀音圖片，在展覽廳裡是我的「蓮緣」攝影繪畫展。開幕那天，由中國佛教界高僧剪綵，我有緣與他們相識。同年四月二十四日，海南島南山海上三面觀音（一〇八公尺高）開光，「海南三亞南山海上觀音開光大典主委會」請我舉辦「中國雕塑觀音‧蓮緣——馬元浩攝影展」。在開光大典上，中國和世界各地的佛教界一〇八位高僧來到現場，我又見到了高僧。藉此機會，我向高僧們表達了在近幾年內拍遍中國雕塑觀音的心願，當場得到了大家的讚許和支持。很快，與新津的聯繫就成功了。

在天氣漸冷的十一月份，我來到了新津觀音寺。一進廟門，我就被精妙絕倫的雕塑和壁畫所震撼，我佇立在這些藝術珍品前，被感動得久久說不出話來。我馬上趕回上海，三天之後就帶著助手來然良先生和攝影、

新津觀音寺的飄海觀音雕像，重彩鎏金，足踏巨鰲，縱橫自在。

7

燈光器材同赴成都。在上海機場托運的器材有六十多公斤，超重了二十多公斤，辦手續的航空小姐沒有向我收超重費，反而微笑著示意我通過。我對來先生說：「有觀音菩薩保佑，我們就一路順利。」到了成都機場，寺廟的清聖法師等三位比丘尼開了小麵包車來接機，她們說：「知道您馬老師到，我們剛刮過頭後才趕來，這是我們對客人的最高禮儀。」在路上，她們擔心成都這幾天的陰雨天氣影響拍照。我說：「有觀音菩薩保佑，天會好的。」

第二天拂曉，天陰沉沉的。我們來到廟裡做起了準備工作。但是到了上午十點，清聖法師從外面奔進大殿興奮地對我說：「馬老師，天晴了，出太陽了！」我會意地說：「我昨天沒說錯吧，我是來拍觀音菩薩的，天一定會好的！」

記得還是兩年前，我赴河北省正定縣的隆興寺拍攝「踩蓮觀音」。從北京出發時，天氣就不好，但在中午我拍攝觀音的半小時內，天居然出了太陽，陽光從殿門外反射進大殿，照在觀音菩薩身上的光線、色溫達到理想的拍攝效果。等我拍完出了殿門，天上的雨滴開始飄了下來，在回北京的路上更是風雨交加，傾盆大雨。這一切，說來眞是神奇。

經過兩天半的努力，我們完成了拍攝。這時我才感到腰酸背疼，我每踩一步腳底都是鑽心的痛。可是我心裡卻是說不出的喜悅，完全沉浸在一種神聖的歡愉之中。我現在最大的快樂，就是把各地鮮爲人知的慈祥、平和、生動的觀音菩薩形象照片展示給大家。看到觀眾們興奮、渴望和虔誠的神態，我就得到了最大的滿足，這也是我的追求。

前幾天，我在中央電視台「走遍中國」節目介紹山西長治時，看到當地「觀音堂」中栩栩如生的觀音和其他佛像的雕塑精彩之極，立即激發起我的興奮和拍攝的渴望，馬上開始了新的聯絡。我相信，有觀音菩薩在保佑，我一定能如願以償。

馬元浩 於上海馬元浩藝術工作室
二〇〇六年一月二十日冬雨大作之時

觀音寺觀音殿供養之主尊觀音菩薩像　高約五公尺　明代成化十一年（1475 年）

【千變萬化的觀音——觀音形象與名稱初探】

自印度佛教傳入中土，千年來，隨著佛教文化及其信仰的流布，在中土留下了數不盡的佛菩薩造像。然而細細觀之，在諸佛菩薩中，像觀音這般令人親切不已的，應該沒有吧！事實上，觀音是印度人創造的空想神格人物，不像一般的佛、菩薩，觀音是個眞實存在過的歷史人物，例如釋迦、彌勒、文殊等。印度誕生的觀音信仰，從其本土逐漸擴散到原本是印度國內，現在卻是鄰邦的巴基斯坦，以及東南亞的寮國、印尼等，中亞以西藏爲中心，延伸到中土、日本、韓國等，形成一個幾近達亞洲面積的廣大信仰圈。再者，隨著宗教的展開及其後的密教、印度教、藏傳佛教等，眾所周知，亦出現種種的觀音。事實像這般具有特有形樣的表現，亦不多見。例如冠有十一面觀音、如意輪觀音、千手千眼觀音等的觀音之名即是。

一、【觀音造像】

就中土常見的觀音造像而言，因於千年的信仰傳承，其流變大致可分爲三類。第一類，就是六朝以來所謂的正統觀音信仰，其造像極其簡潔素樸，幾爲立像，手中持有蓮華、蓮蕾之類，令人有如古代仙境般的人物遐思。特別是自北齊起，觀音造像有逐漸盛起之勢。依於《法華經》的觀世音菩薩普門品，是此時造像的圭臬，不過經中強調的救七難思想，在單獨的立像上不易表現，因而碑像型或石窟壁面的救難場面刻繪，即應運而生。眾所周知，早期的印度就有所謂的

觀音救難圖　印度奧蘭古堡第七窟
第 8 世紀　浮雕（右圖）
十一面觀音　清代（1644-1911 年）　鎏金銅像
高 109cm　拉薩羅布林卡藏（左頁圖）

11

〈觀音救難圖〉或〈觀音救八難圖〉，即一尊立像觀音菩薩，在其旁兩側各有四鋪，共為八鋪的〈觀音救難圖〉。例如，美國弗利爾美術館藏的一鋪極大尊的隋代佛衣畫石刻立像，在其正面下方佛衣上就淺刻出極為精采寫實的〈觀音救七難圖〉，其下還搭配有令人怖畏的〈地獄圖〉。

第二類，就是唐代盛起的大悲觀音信仰，並非六朝時代的觀音別稱，而是專指唐代盛起的大悲神咒的千手千眼觀音。唐代由於國勢強大，不僅有玄奘、義淨等

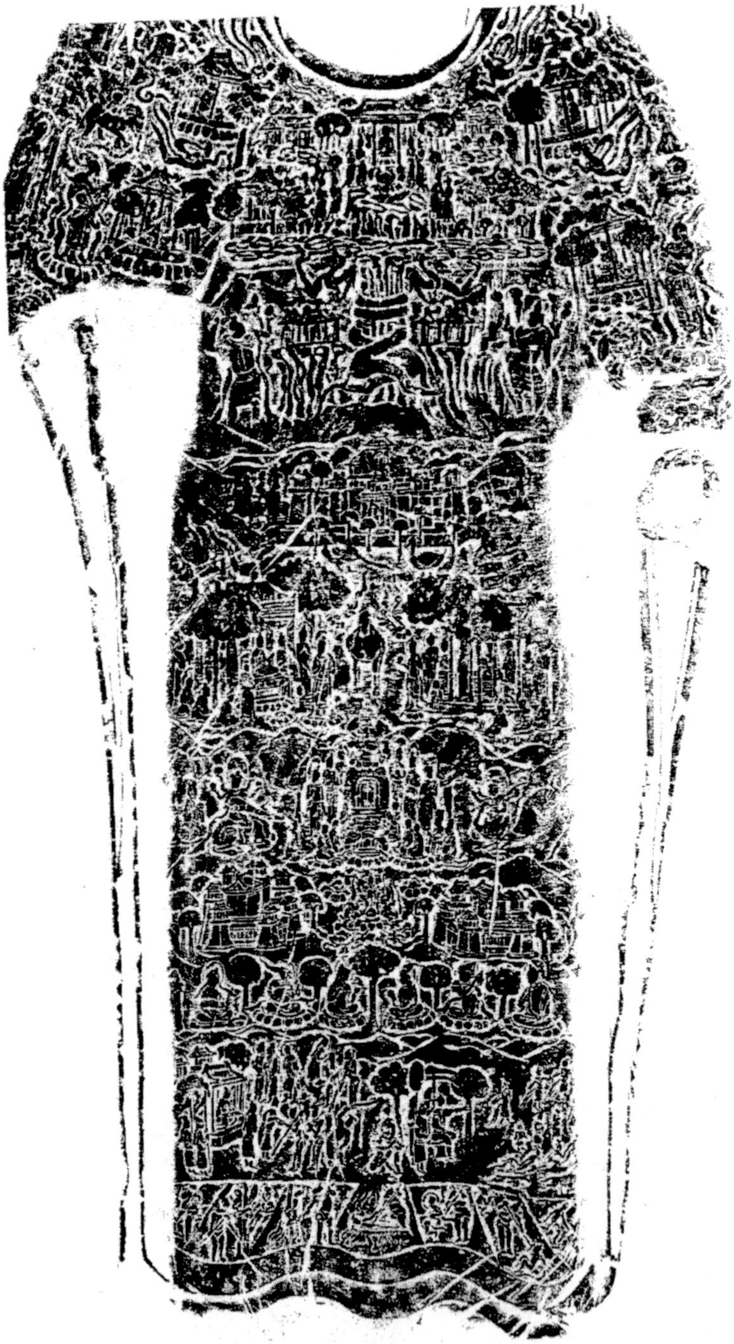

弗利爾美術館藏隋代石佛立像正面拓片

前往印度求法，更有大唐正式大使王玄策的三訪印度，以及武后則天時代不空、金剛智等的密教經典的不斷譯出，促使大唐直接帶回當時印度盛起的顯教、密教造像粉本、以及實像，讓大唐一代一下興起完全不同於其前南北朝的觀音像，開始走向印度式繁複奇異的密教變化觀音。這種宛如異國神格的觀音確實勝過其前有如仙境般的人物造形，尤其那見有咒術、神力般的強力肢體造形語彙，更爲吸引時人。其實從朱景玄《唐朝名畫錄》一段有關時人畫手名字尉遲乙僧描繪慈恩

弗利爾美術館藏隋代石佛立像
正面衲衣畫正面局部描圖

寺千手觀音的記述，即可知之。

高宗當太子時，爲其賢德的亡母文德皇后在長安建造慈恩寺。當時便請尉遲乙僧爲之作畫。前述《唐朝名畫錄》即云：「尉遲乙僧者，吐火羅國人。貞觀初，其國王以丹青奇妙，薦之闕下……。今慈恩寺塔前功德。又凹凸花面中間千手眼大悲精妙之狀，不可名焉。」再者，張彥遠的《歷代名畫記》卷三，記兩京寺觀等畫壁的慈恩寺，有「塔下南門尉遲畫。西壁千鉢文殊尉遲畫」之語。由上知，大唐官方代表塔寺已是以大悲觀音信仰的千手千眼觀音像爲主，但到了北宋末，這類密教觀音漸漸退位。不過在民間，尤其是明清時代，密教觀音還是勢力極盛。

第三類即是宋代興起的，以中上自身信仰與觀音的結合，其實它是藉觀音之名，以爲中土諸神崇拜之需。例如，眾所周知的水月觀音、白衣觀音、魚籃觀音、楊柳觀音、一葉觀音、蛤蜊觀音、一如觀音、灑水觀音等。不過，宋代盛起的三十三觀音，早在唐代就有微妙的胎動契機，這一點是不應忽略的。

宋代觀音造像，尤其寺院外的石窟大型石像，不易見及。木雕類造像，早爲世界各地著名博物館所收藏，故到博物館尚可見一二。例如，美國堪薩斯納爾遜美術館藏的一尊宋代觀音即是。不過，二〇〇五年暑期走訪四川境內十五天，確實見及宋代的大型觀音石像。例如大家常去的北山石窟，就有不少密教類的觀音像。

二、【觀音名稱】

觀音，眾所周知，來自於漢譯經典，然而因於版本、地域、譯者等不同，有著不少的譯名與異稱。事實上，這也是探討觀音名稱與其意義時，最爲不易之處。

千手觀音像　五代　四川大足北山第 273 號窟造像

不過早在本田義英、松本父三郎、後藤大用、鹽入良道等知名學者，已作了極為深入精闢的研究成果。今擬藉其研究，作一整理譯述。首先，依諸家之說知，觀音原名即 Avalokite' svara，據說是古代印度阿利安民族使用的聖語，即是梵語的稱號。這個古代梵名在漢譯經典的音譯上亦不少，如：

（一）阿縛盧枳低濕伐羅（五）阿婆樓吉弖稅

（二）阿婆蘆吉低舍婆羅　（六）逋盧羯底攝伐羅

（三）阿縛盧枳柢伊濕伐羅　（七）盧樓桓

（四）阿那婆婁吉低輸

就中，（六）、（七）值得一述。（六）者，其上冠有「阿朵耶」（arya），即「聖」之語，亦即阿朵耶（阿）逋盧底攝伐羅之謂。然「耶」字中攝有「阿」，不過在此中皆被省略不用。

在《大悲心陀羅尼》就有「南無阿朵耶婆盧羯帝爍鉢羅耶」，亦即「歸命聖觀音」之謂。在此順帶一說，早年筆者就學於筑波大學時，曾到奈良六大寺教學實習，在藥師寺，相信國內去過的朋友，都會努力欣賞寺內金堂著名而又極為莊嚴優美的「金堂藥師三尊」，即主尊為藥師如來像，左右為日光菩薩、月光菩薩的三尊佛像。然而，您也絕對不會遺漏視線的，是其內一尊更為高貴優美俊秀的「聖觀音像」。當時，就不瞭解這尊像為什麼要加個「聖」，而成為與其他六大寺觀音菩薩像不一樣的「聖觀音」，後來，過了好久，讀到了後藤大用之作，才恍然大悟弄清楚。

（七）者為「盧樓桓」，若是 Avalokite' svara 的音譯的話，那就極不完整，毋寧說，倒是可視為古譯。不過，若從《大乘經》傳譯的「嚆矢支婁迦讖」的音譯來看，自不同角度的觀察，即可發現其研究價值。支婁迦讖為月支國人，後漢靈

聖觀音像　奈良藥師寺

帝末年來洛陽，於靈帝光和、中平年間（178～188）便譯出諸經典。在這麼早的傳譯時代，如此省略，想必深值一究。

其次，就梵名的意譯，作一瀏覽。習慣上，相對於舊譯的「觀世音」，新譯的則是所謂的「觀自在」。不過，除二者常見之外，還有不少。今爲了便於區別，舊譯中，羅什以前的則爲古譯。即：

古譯的：觀音、闚音、觀世音、光世音、現音聲。

舊譯的：觀世音、觀音、觀世自在。

新譯的：觀自在、觀世音、觀音、觀世自在。

眾所周知，玄奘譯的「觀自在」與現存的梵本「阿縛盧枳低濕伐羅」（Avalokiteśvara = Avalokita + Īśvara）正相一致，即 Avalokita 爲「所觀、觀察」+ Īśvara 爲「自由自在」之謂。事實上，從近年的研究可知，梵語本身亦有轉訛，而且隨著時代亦有變化。因此過去玄奘視爲不正確的觀音、光世音、觀世音，其實皆有所本。近年中亞出土的梵本《法華經》〈普門品〉殘簡，就明記爲「阿婆盧吉它濕伐羅」（Avalokitasrava = Avalokta + svara）。因此漢譯的觀音，即 Avaloka 爲「所觀、觀察」+ svara 爲「音」。因此，將此譯爲光世音、觀世音，也是應有其理由的。

若說起「光」，即 Avalokita 的 lokita，其語根 lok 有「光」的意義。不過，此意甚少使用，故竺法護在譯《法華經》時，若取以此甚爲少用的意義，其實是不對勁的，毋寧說，應視爲是 lokita 因於意味光明的盧迦（roka（語根 ruc））衍生出來的，而翻成「光」之語。事實上，這是（r/L）混同。還有，類似的阿盧迦（aloka）之語，亦有光明之意，故使用「光」字。

再者，就是「世」。事實在鳩摩羅什之前，就散見有觀世音的若干譯語，羅什

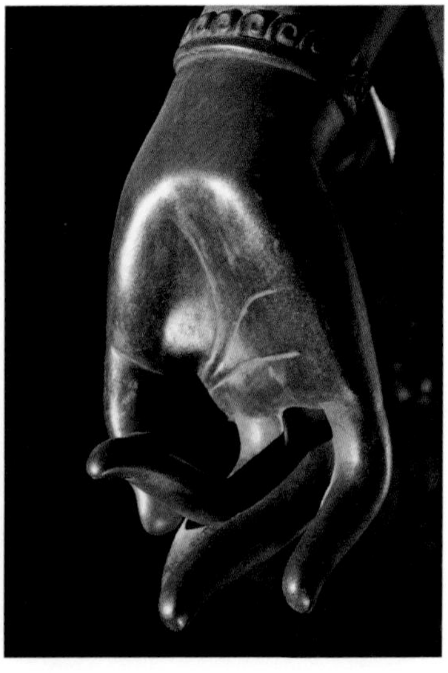

聖觀音像的右手　奈良藥師寺

也許是承襲而來的吧！Avalokita 爲「看見」（語根 lok）的過去受動分詞，賦予 Ava 的接頭語，因此被漢譯成「觀、見、觀見、所見、所觀察」等，但是此語字可視作包含有「盧迦」（loka，「世、世間、眾生」）之語，可發現混入「世」字。再者，羅什在譯〈觀世音菩薩普門品〉有「聞是觀世音菩薩，一心稱名。觀世音菩薩，即時觀其音聲，皆得解脫。」（《大正藏》冊九，頁五六－c）然而在現存的梵本則爲「若是他們能聽聞有偉大志向的求法者 Avalokite' svara 之名，他們便可能從所有的聚積苦惱中解放！」看不到「一心稱名」與「即時觀其音聲」之句。這樣來看，竺法護譯的「適聞光世音菩薩名者，輒得解脫，無有眾惱。」（《大正藏》冊九，頁一二八－c）反倒較近梵本。當然，由此亦知「一心稱名」、「即時觀其音聲」，雖可懷疑是羅什插入的，不過又無任何的其他證據，故應視爲是羅什的梵本較爲妥當吧！如果依羅什譯的傳統性讀法，觀音是意指觀見一心稱名觀音之名的眾生音聲，得以解脫之謂，而其音聲，即眾生之聲、世間音聲，換言之，就是所謂的「世音」。事實此處的讀法亦有異論，不過就傳統讀法言，倒是妥當。羅什的觀世音譯名，其實是有所本的。在後秦僧肇的《維摩經》注書《註經摩詰經》中，有羅什的觀世音菩薩之釋，即「什曰。世有危難。稱名自歸。菩薩觀其音聲。既得解脫。亦名觀世念。亦名觀自在也。」（《大正藏》冊三八，頁三三一－c）。不過異本則是觀世自在。然而，不管怎麼說，「自在」之意的原典，早爲羅什所用，因而唐代玄奘、實叉難陀、菩提流志、宋代法藍的「觀自在」之譯，其實皆是在羅什之後的。

歸之，羅什當時的觀音梵名，大概是 Avalokitasvara，因而譯爲「觀音」是最貼近原意的，而玄奘的「觀自在」，即 Avalokite' svara，可知是梵名自身已變化的結果。當然，此中仍有不明之處，待今後研究。其後，梵名因於佛教在印度教

白衣觀音　北宋　四川安岳華嚴洞主佛 左壁造像　高 410cm（右圖）
數珠觀音　南宋　四川大足北山第 136 號轉輪經藏窟主像右壁造像　高 191cm（左圖）

中，受到其教諸神的影響而逐漸變化，在印度其後竟變化成Lokeśvara。此外，還有samanta-mukha之名，依岩本裕之後知，這個若漢譯，即是所謂的「普門」，亦即「顏臉朝向所有各面」的菩薩之意。事實上，這即是其後、或者說是宗教的十一面觀音有所本之處。即是將samanta-mukha具體化的菩薩姿形。

三、【觀音經典】

正如所知，宣說觀音的經典，並非只限於《法華經》，此外尚有淨土系經典，以及《華嚴經》等。

《法華經》主要在《觀世音菩薩普門品》。此品主題即在宣說救七難、去三毒、應二求、以及三十三變化身十九說法。

救七難——即火難、水難、風難（羅刹難）、王難、鬼難、枷鎖難、怨賊難。眾生遭此眾難只要稱名觀音，所有遇難皆可去除。事實這即是觀音信仰流布的最大動力之因，看看敦煌上的各類變相圖，即可知之。

去三毒——即婬欲、瞋恚、愚癡。只要經常恭敬念唱觀音，即可解除此等三毒煩惱。

應二求——即男兒、女兒。只要您禮拜祈求，即可得男、女小孩。事實這是造成自唐代之後，民間寺廟極度盛行觀音娘娘信仰的一因。

三十三變化身十九說法——即佛身、辟支佛身、聲聞身、梵王身、帝釋身、自在天身、大自在天身、天大將軍身、毗沙門身、小王身、長者身、居士身、宰官身、婆羅門身、比丘身、比丘尼身、優婆塞身、優婆夷身、長者婦女身、居士婦女身、婆羅門身、童男身、童女身、天身、龍身、夜叉身、乾闥婆身、阿修羅身、迦樓羅身、緊那羅身、摩睺羅迦身、執金剛身。觀音為了眾生說法，可變化

觀音菩薩坐像　宋代　木雕　高94cm　紐約大都會美術館藏

三十三身，令眾生感到觀音無所不在，無處不救。十九說法，理論上應是三十三說法，但經中對「比丘、比丘尼、優婆塞、優婆夷……」，是作一整理記述，故經中出現「說法」之語，只有十九次，故謂十九說法。

淨土系的經典，例如《無量壽經》就有觀音的登場。事實早在支謙譯的《大阿彌陀經》已出現觀音爲阿彌陀的脅侍。淨土系經典旨在宣暢四十八大願，以利眾生前往佛國淨土。在《無量壽經》中，觀音與勢至二大菩薩登場，經雲「是二菩薩。於此國土。修菩薩行。命終轉化。生彼佛國。」清楚點出隨著淨土思想的發展，已潛藏著對觀音的特別對待。在《觀無量壽經》中有著名的十六觀想，其中的第十觀即是觀觀世音菩薩眞實色身想，即「若有欲觀觀世音菩薩者，當作是觀。作是觀者，不遇諸禍，淨除業障，除無數劫生死之罪。如此菩薩，但聞其名，獲無量福，何況諦觀。」（《大正藏》冊十二，頁三四四—a。）知透過觀想，獲致同於其他觀想的功德果報，尤其是「但聞其名，獲無量福」的現報利益，確實促使自唐代之後的觀音信仰更爲盛行。事實上，唐代盛起的觀音造像，已不止於《法華經》的觀音各面信仰思想，而早已走入與佛國淨土思想結合，此實深值一探。

《華嚴經》主要在〈入法界品〉，此品旨在宣說善財童子遍歷拜訪，求授五十三次善知識的說話。第二十七次的拜訪者即是觀音，此中還記述了觀音的住所實況，即：在南方有座名叫補怛羅迦的山，那邊有個名叫觀自在的菩薩，您可以去那兒請教菩薩的修行。接著描述山的情景，即：海上的那座山，住著很多聖賢者，有極多寶物裝飾，極爲清淨。遍樹花果樹木，有泉、池等。勇猛的大夫觀自在，爲了利益眾生住在這座山上。於是善財童子便於山中尋訪以探觀音。在山的西面巖谷中，有泉水潺潺流著，茂密的樹林、柔軟的香草，右旋布地。這時觀自

觀音菩薩坐像　元、明初（14 世紀）
全銅高　33.9cm　舊金山布倫達治收藏
（左圖）
觀音菩薩龕像　唐代　木雕　高 22.2cm
紐約大都會美術館藏（右圖）

在菩薩於金剛寶石上結跏趺坐四周，有無量的菩薩都坐在寶石上，恭敬圍繞。

當善財童子在這兒遇到了觀音，便請教什麼是菩薩道。觀音即回答：我是以菩薩大悲行門，平等教化一切眾生，或以佈施、愛語等，或者以音聲、威儀、說法，濟救眾生。或現神變，令其心悟，到爲化現同類之形，與其共居。我修行此大悲行早，願常救護一切眾生，使其遠離險道、熱悅、繫縛、殺害、貧窮、死亡、愛別等。願諸眾生，若念於我，若稱我名，若見我身，皆得免離一切怖畏。其中的「念我」、「稱我」、「見我」，得免一切怖畏，即是觀音信仰的魅力之處。

觀音住所的補怛羅迦山，亦稱補陀落山、或光明山、海島山等。玄奘的《大唐西域記》記有此山在印度大陸南端，近於渡海到錫蘭的海路附近，是眞實存在的。中土一般以浙江省舟山群島中的小島普陀山爲觀音住所，也就是著名的觀音道場。普陀山原來是西漢末名叫梅福仙人來此隱居之所，因於梅福，故此處又叫梅岑山。唐代時有許多佛教僧來訪此小島，發現類似《華嚴經》等宣說的補陀山，因而視爲觀音聖地。特別是日本僧人慧萼在此建造了「不肯去觀音院」之後，便成爲廣爲人知的觀音道場。

事實，宋代起出現了所謂的水月觀音造像，即坐在岩石般的金剛寶座上，其旁有山巖流水、扶疏竹林等，造型極美，有如人間仙境般。例如，今藏於美國堪薩斯納爾遜美術館極爲著名的宋代約十一至十二世紀的觀音像，就是源自於《華嚴經》補陀落山而來的造形思惟創作。

四、【觀音性別】

觀音是男？是女？是長以來，人們疑問不已，且又好奇不斷的課題。一般而

水月觀音　宋代　納爾遜美術館藏（右圖）
觀音菩薩立像　隋代　石灰岩　高162cm
哈佛大學佛格美術館藏（左圖）

言，對此問題，直接以《法華經》〈觀世音菩薩普門品〉三十三變化的男性、女性身皆可，可回答觀音是男性，亦是女性。例如，經中即云，「應以童男童女身得度者。即現童男童女身而爲說法。」除外，尚有「長者外，長者婦女身」、「居士身、居士婦女身」、「婆羅門身、婆羅婦女身」、「優婆塞身、優婆夷身」，讓人見及觀音是極自然的，可現男性身，亦可現女性身，無所謂的疑問不已的問題。不過，《法華經》已是大乘佛教經典，並非原始佛教的早期之說。換言之，是受到相當長久演化變遷而來的男女性身觀。關於此，不妨聽聽後藤大用之說。

首先，就印度的梵語觀之，所有的名詞有男性、女性，以及中性三類。梵語，即 sanskrita，依印度古代傳說，即是世界開天闢地之始，名叫「光音」（abhāsvara）的梵天所創造的聖語（āryavāca），像古早的吠陀、奧義書，就是使用這種語言，紀元前一千五百年前，居住在五河流域的印度阿利安（ārya）民族使用的也是這種語言。以這樣來看觀音菩薩的原名，Avalokite svara 的梵名，很清楚是男性單數名詞，故依此原語學之釋，觀音菩薩的原始本性是男性神格，應是妥當的。

再者，從佛教的原本立場來看，女性是遜於男性的。從我們經常在經典中讀到「女人有五不淨」即可知，在安樂世界沒有女人，在那兒皆是男子。即令經典極度發達的淨土系諸部經典中，阿彌陀佛的極樂世界裡就是沒有女人及其名字。這樣來看，從教理史立場觀之，觀音菩薩的原始本相，可推想也是以男性而被禮讚的吧！若依大乘諸經典所揭示的，觀音淨土亦無聲聞、緣覺之名，從其國土充滿純是諸菩薩來看，原始意義的觀音，可斷定是男性，應是沒有問題的。《悲華經》有云「善男子，今當字汝爲觀世音。善男子，汝行菩薩道，已有百千無量億那由他眾生得離苦惱。」（《大正藏》冊三，頁一八六—a。）此中稱以「善男子」很

觀音菩薩坐像　宋代　木雕　高141cm　波士頓美術館藏

清楚道出觀音菩薩即是男性之謂。

還有，對觀音菩薩神格影響甚大的，就是本生故事。本生故事中，有五百四十七則菩薩故事，而且這些菩薩故事中的菩薩，都是以男性出現，看不到有一個女性的出現。故由上述知，可推斷觀音菩薩的原始本相是男性神格。

不過，到了後代，由於婆羅門神話的摻雜混入，受了女神的影響，觀音才逐漸由男性的神格逐漸女性化。大凡印度古代婆羅門教習俗上有個作爲婆羅門神配偶的女神，名叫鑠乞底（sakti），而崇拜這位女神的宗派，就叫作神妃派。鑠乞底，即性力之意，依其信仰，神妃被當爲主神性力的擬人，因而主神的性力，被視爲依其妃本身的潛在勢力而定。故女神不僅是神妃派的本尊，亦是一般信仰的對象，爲崇拜者所依歸。女神的性格主要在於慈和勇的二面性格上，就中溫和慈悲的神性，即是神化的本性。這樣的思想一混入佛教，就成爲密部教理的構想，而且這個女神崇拜思想，就爲男性神格的觀音菩薩完全導入了女性神格，並且徹底轉化。如准胝觀音，就誕生出純粹的女性神格，並爲三世諸佛，且備受敬奉。

然而，就近代觀音信仰的傾向而言，確實是朝向母性化的信仰崇拜的。觀世音有著源源不絕的能量源泉，也就是絕對的永恆性。母親爲了子女，源源不絕地注入其慈悲性，宛如母性愛的絕對化、永恆化。以慈悲、慈愛而言，具備充份愛情的自律性「形樣」，怎麼說，就是氣質高雅、品格高尚的現實觀音菩薩——即母親了。換言之，母親也罷！觀音也罷！讓我們在永恆中，引導我們到永恆淨土的，事實就是母親、就是觀音。這個想必是使最初在印度是男性神格崇拜的觀音，逐漸成爲女性神格的禮敬崇仰，走向母性權化的瞻仰禮讚的原因。換言之，原本男性的理智、勇健骨相表現，走向悲智、圓滿女性化的，毋寧說即是母性慈愛相好的見地。

救世觀音像　日本法隆寺夢殿

觀音菩薩半跏坐像　宋代　木雕　高118.1cm　紐約大都會美術館藏

【蓮華接翠觀音寺】

四川成都西南四十公里處，有個新津縣。縣城以南七點五公里處，有座九蓮山。山勢起伏，九峰拱衛，如同九朵妙蓮齊開，這就是新津十二景之一的「蓮華接翠」，識者向來奉爲修仙行道的祥瑞聖地。歷史悠久的明代古刹觀音寺，便坐落在九蓮山麓的浮雲古木之間。

這座梵宇名刹，始建於宋代淳熙八年（一一八一年），迄今已有八百餘年的歷史了。據載，宋朝丞相、佛門居士張商英的故居，就在觀音寺的近側。因此，當地流傳著張商英遺言身後舍宅而爲觀音寺的故事。山門前的水塘，一直稱爲相府塘（張商英丞相府之塘），以前寺內曾建有太師殿，供奉「宋資政殿大學士尚書右仆射同平章事追贈少保張商英」塑像，上世紀三〇年代傾毀。現在寺內的古榕樹下，還立著一塊「宋少保張商英之故里」的紀念碑。

當年的觀音寺規模十分宏大，號稱殿宇一百零八重，係川西著名的大道場之一。元末兵燹，寺廟焚毀殆盡。明代宣德年間，蜀僧碧峰、福賓，募化重建觀音寺，歷盡艱辛，終於在原寺廢墟上再現氣勢巍峨的十二重殿宇。

明末清初，蜀中動亂，寺廟又遭劫難。斷壁頽圮，破敗不堪。清代道光、同治、光緒年間，由於高僧駐錫，信眾襄助，陸續增建了殿宇十數重，並改爲十方叢林，接納四方禪客，廣弘如來佛法，恢復了宋、元以來的興盛局面。

此後百年滄桑，迭經風雨，觀音寺日漸衰敗式微。一九四〇年十二月，中國近代著名的歷史學家、北京大學教授顧頡剛先生，曾慕名到新津觀音寺遊覽，他在

四川新津蓮華接翠觀音寺正門

四川新津蓮華接翠觀音寺正門（上圖）
四川新津蓮華接翠觀音寺的門後背
（下圖）

紀念碑亭，亭中豎立著「宋少保張商英之故里」碑，「少保」係張商英去世後宋徽宗賜贈的封號。（上圖）
觀音寺附近的古榕樹（右圖）

觀音寺門匾，上題有「無上正覺」四字。

大明弘治三年秋七月十七日穀旦所刻的〈九蓮山平蓋治觀音禪寺重修碑記〉

後來的〈新津遊記〉一文中發出了這樣的感慨：「這寺當初落成時，是一個極大的廟子。可惜元末毀於兵燹。到明代中葉，又由和尚們興建起來，清代再加幾次培修，才成十重殿宇，與舊址相較，已經縮小了大半。中間一殿還保存明成化以來的壁畫，莊嚴肅穆，因係膠漆所繪，不易剝蝕。諸殿佛像也各極其妙，顏色凝湛，想來明代遺跡必然存留不少……漸歸荒廢，倘再不加修理，數十年以後，這些有價值的藝術恐有同歸於盡的危險。」

等到觀音寺在二〇〇一年被列爲全國重點文物保護單位時，僅存明代的毗盧殿、觀音殿和清代的三門、彌勒殿、接引殿等數處古建築了。

不過，儘管這座明代尼寺，一度因地僻年久而「藏在深閨人未識」，儘管其梵宇外觀沒有雕梁畫棟的華麗裝飾，但是觀音寺裡那藝術價值、文物價值和觀賞價值極高的明代壁畫和明代塑像，近來名聲日播，吸引了愈來愈多的專家學者和中外遊客前往考察、遊覽。

觀音寺的精華，在於明代的建築、壁畫、雕塑三位一體組成的古代藝術綜合體，三者互相對比，互相襯托，珠聯璧合，相得益彰，從而使它的藝術感染力遠遠超過任何一件單一的作品。

觀音寺的毗盧殿和觀音殿均爲木結構的建築物。毗盧殿建於明天順六年（西元一四六二年），爲單簷歇山式建築，按宋代「營造法式」規定，屬我國典型的抬樑式建築體系。屋面由正脊、前後兩副脊、兩鰲脊組成九級歇山，脊上有明代「鴟吻」圖案。簡瓦鋪蓋，斜度上陡下緩。屋簷下的平座斗拱尤爲引人注目。每座斗拱由六個散斗組成，作爲過渡部分，斗拱起著承受屋頂與轉接重量的作用。

毗盧殿的外觀並不特別宏偉，亦沒有流光溢彩的裝飾，但那樸實無華的黑色，給人一種莊重肅穆的感覺。走進大殿，你立刻就會被左右兩壁精湛絕倫的壁畫所傾倒。這些大型壁畫繪製於憲宗成化四年（西元一四六八年），被譽爲觀音寺的「鎮寺之寶」。

全殿壁畫分為上、中、下三層。上層繪飛天、幢幡寶蓋和天宮奇景，中層繪十二圓覺菩薩和二十四天尊，下層繪龕座、神獸、供養人像。其中最精妙的壁畫，是十二圓覺菩薩、二十四諸天及十三個供養人像。

整個大殿的壁畫全用傳統的工筆重彩技法，以石青、石綠，朱砂、珠粉填色，描金生漆勾勒，構圖嚴謹，技藝精湛，色彩明亮而柔和，線條流暢而多變，畫中每一個人物的衣飾細節和面部表情，都刻畫得唯妙唯肖，生動活潑，一反傳統宗教藝術因內容嚴肅而流於僵化刻板的通病，將莊嚴端肅的宗教思想，寓托於美輪美奐的藝術造形之中，堪與北京法海寺和山西永樂宮壁畫媲美。其中左壁的披紗菩薩像尤為精彩，她身披的白紗，薄如蟬翼。透過紗上菱形和雪花形圖案，隱約可見其肌膚之豐潤，專家譽之為「東方蒙娜麗莎」，實為明代壁畫之珍品。

觀音殿較毗盧殿宏大，建於明憲宗成化五年（一四六九年），亦為單簷歇山式建築。面闊五間，進深十架椽。除四根角柱外，前後共有八根簷柱和十二根內柱支撐屋面。內柱直徑五十釐米，柱上繪有黑白兩色明代風格的幾何圖案，柱基皆石刻盤龍、獅戲、蟾蜍圖像。

殿堂蓮座上為造型優美、神態端莊的文殊、觀音、普賢三大士像，左右壁塑五百羅漢，千姿百態，栩栩如生，無一雷同。這些塑像成於明成化十一年（一四七五年），比新都寶光寺的五百羅漢早三百餘年。

觀音三大士像的背後為四川峨嵋山，浙江普陀山和山西五臺山全景的深浮懸塑。正中普陀山勝景中足踏鰲魚的「飄海觀音」塑像，高二點四八公尺，手持淨瓶，腳踏鰲頭，置身在波濤洶湧的南海普陀山之中。觀音體態勻稱，慈祥沉靜，端莊秀美，溫柔優雅，充滿著青春的活力。她身體微微前傾，衣裙飄舞，如天人下凡。著名美學家王朝聞譽之為「東方維納斯」。

毗盧殿（建於明天順六年，1462年）後門

觀音寺毗盧殿正門（上圖）
從毗盧殿裡觀看觀音殿（下圖）

新津觀音寺的明代壁畫和塑像，在內容和形式、重點和一般、主要和次要、寫實與傳神等方面，都達到了高度的和諧與統一，是我國宗教和藝術殿堂的瑰寶，是研究明代歷史文化與繪畫、雕塑藝術的寶貴資料，被全國一流的文物專家稱爲「文物精品中的精品」。

現在，作爲成都周邊極富歷史人文能量的名勝之一，新津觀音寺正以其精湛的佛教藝術和深厚的宗教文化，日益受到人們的注目與青睞。二〇〇四年，新津觀音寺與西藏布達拉宮等絕世名勝一道，被列爲全國十大文物保護重點修復工程。一批文物修復專家已進駐觀音寺，運用最新高科技技術，開始修復工作。相信在不久的將來，這顆國寶級的古代藝術明珠必將煥發出更加奪目的光彩。

在毗盧殿後門殿外「燃燈古佛」前，有一塊明代石刻，做為燃燈之用。

觀音殿建於明憲宗成化五年（1469 年）

【雄渾壯觀的觀音殿明代雕塑】

觀音寺的大殿內，現存塑像共有六百五十三尊，其中絕大部分保存於觀音殿中。

觀音殿占地面積三百三十三平方公尺，建在一座高臺上，色彩厚重，氣勢不凡。殿門一副楹聯爲：

玉琢金雕喜舜日堯天重輝古寺，雲來月往聽晨鐘暮鼓一洗塵心。

觀音寺以觀音殿而得名，所以，該寺主殿所供奉的，自然是觀音菩薩了。觀音是佛教諸神中在中國民間影響最大、信仰最眾的一尊菩薩。全稱是「大慈大悲救苦救難觀世音菩薩」，簡稱爲觀世音菩薩，唐代因避太宗李世民的名諱，略稱觀音菩薩，爲極樂世界「西方三聖」之一。

菩薩又稱「大士」，因此以觀音爲主供的佛殿，又稱大士殿。如果供奉觀音、文殊、普賢三尊菩薩的，則觀音居中，文殊在左，普賢在右，稱爲「三大士殿」；如果專供觀音一尊菩薩的，常稱爲「圓通殿」，因爲觀音曾有「圓通」的美名。

在佛教傳說中，觀世音菩薩能變化成無數的形象，眾生有難時只要誦念其名號，菩薩即觀其音聲，並以不同的形象前往拯救解脫。據《妙法蓮花經．普門品》

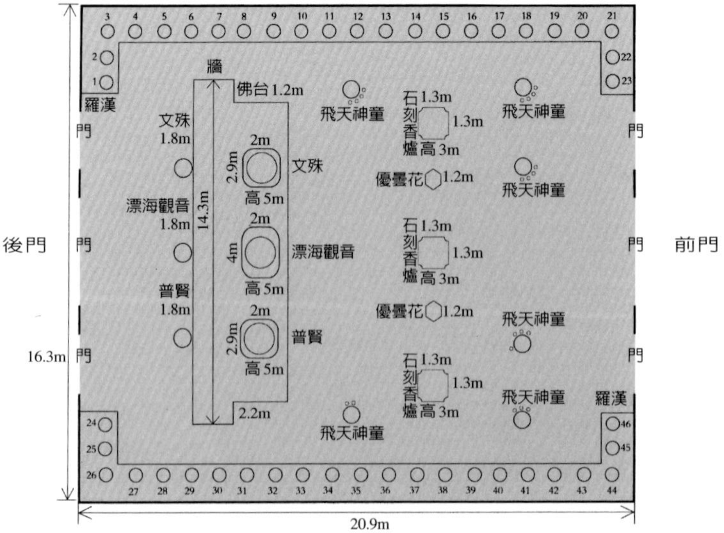

觀音殿平面位置圖（右頁圖）
在佛台上的文殊、觀音、普賢三尊佛像（上圖）

在觀音殿的六根紅柱上，有二十個飛天神童足踩雲彩，眉目清秀，天真稚氣。（左、右頁圖）

觀音殿六根紅柱上足踩雲彩的飛天神童，表情與造型均十分活潑生動。（左、右頁圖）

說，觀世音菩薩有三十三種變化身，表明觀音能以不同的身份、不同的性別、不同的形象「隨類化度」眾生。與此相應的，就有了三十三尊不同的觀音塑像。如最常見的甘露觀音（手持楊枝淨瓶），讀經觀音（坐岩頭手持經卷作閱狀），圓光觀音（背後有熾盛火焰圓光），琉璃觀音（手持香爐），鰲魚觀音（站立鰲魚背上），以及合掌觀音、千手觀音等等。

新津觀音寺的觀音殿爲三大士殿。殿內石砌佛台中央所供奉之主尊觀音菩薩，跏趺坐在蓮花上，其馱騎爲造型神俊的怪獸「獨角金毛吼」。左右輔尊文殊、普賢兩菩薩跏趺坐在須彌座上。整個三大士塑像高約五公尺，造型優美，肅穆莊嚴。三大士均頭戴莊嚴寶冠，身披瓔珞，面容豐約沉靜，神態端莊，身材勻稱健美，目光慈和親切，衣飾珍寶亦生動明晰，飄逸典雅，給人一種秀外慧中的內涵美。背屏中的奇花瑞草、靈禽異獸、八寶圖案，色彩鮮艷奪目，富麗堂皇。

據觀音像右邊蓮花瓣上的題記，這些塑像完成於明成化十一年（西元一四七五年），迄今已有五百餘年的歷史了。塑像人是四川榮縣昌本澄、晶本洛，裝彩人是江西南昌雷昌勝、羅宗江。

觀音殿上的三座五級鏤空石刻香爐，亦是明代藝術珍品。香爐均高三公尺，或刻佛本身故事及菩薩經變故事，或刻佛道兩教人物及樓台，或刻纏枝牡丹及雲紋卷草，皆刀法嫻熟，線條流暢，玲瓏剔透，栩栩如生。

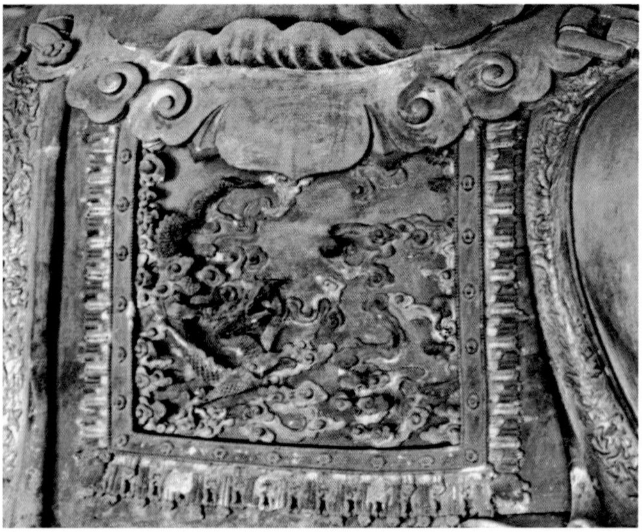
觀音菩薩妙蓮座下方的圖案造型

石砌佛台中央供養之主尊觀音菩薩像，高約五公尺，趺坐於妙蓮上，由一造型神俊的獨角獸所馱。

普賢蓮台坐像，高約五公尺，頭戴寶冠，肌肉豐腴，造型對稱，敦厚安詳，衣紋綢褶自然。

在主尊觀音菩薩的左右牆壁繪有色彩祥雲，並塑有踏在靈禽上的飛天神童。

飛天神童站立在龍柱上，右方繪有色彩祥雲。（上圖）
飛天神童站立在鳳柱上，左右兩邊繪有色彩祥雲。（右頁圖）

文殊蓮台坐像，高約五公尺，頭戴寶冠，面頰風韻，莊嚴肅穆。（左、右頁圖）

觀音殿主尊三大土塑像之間的石砌佛台上刻有各種靈禽異獸的圖案。上圖為麒麟奔跑圖，右頁為瑞獅圖。

觀音殿主尊三大士塑像之間的石砌佛台上，飾有神話人物、奇花瑞草與靈禽異獸，色彩鮮艷奪目，富麗堂皇。（左、右頁圖）

正中香爐上神像雕塑造型局部（本頁兩圖）
觀音殿中間雕工細緻的香爐，刻於明嘉靖三十年（1551年）。（左頁圖）

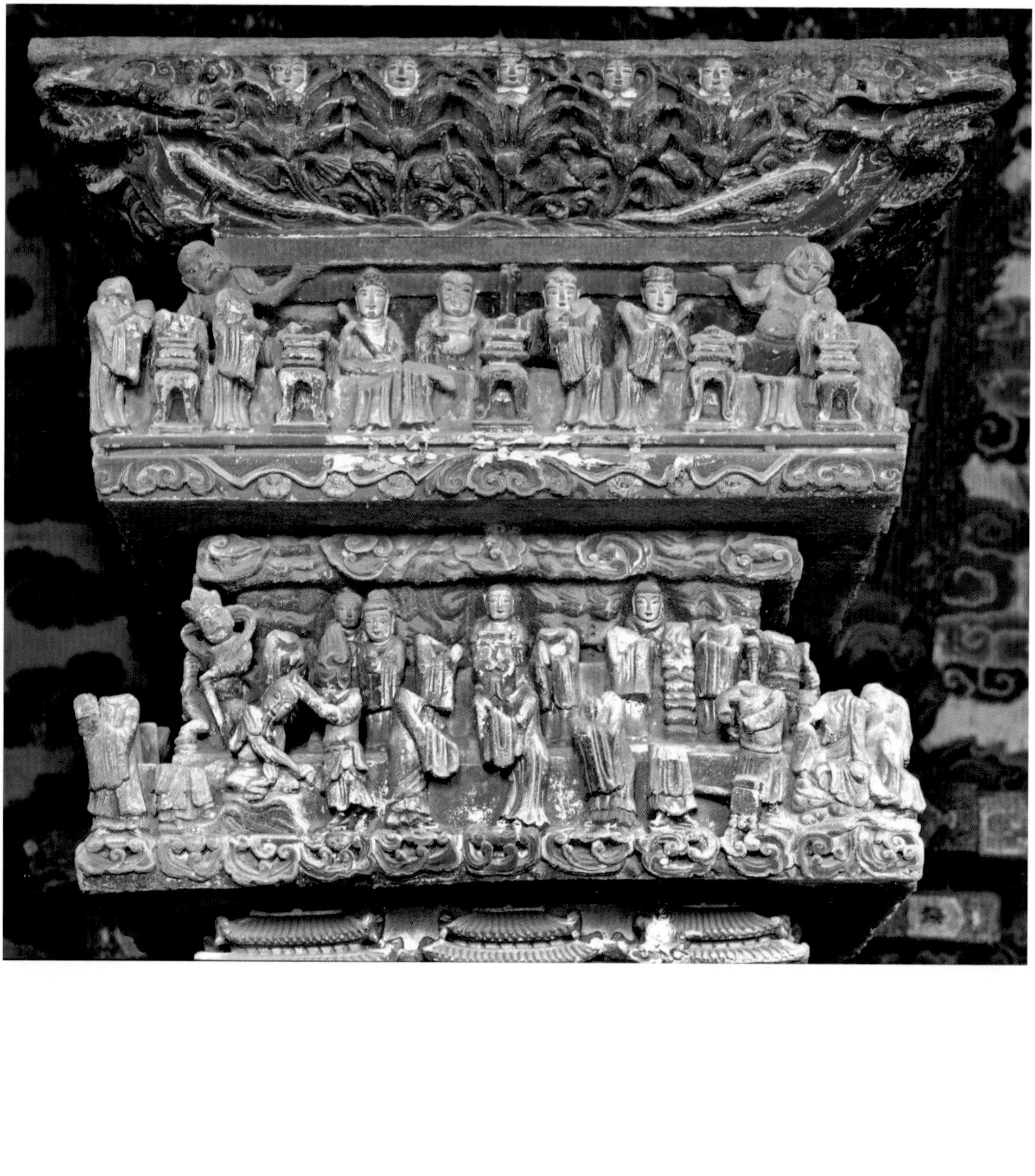

左邊香爐局部（上圖）
觀音殿左邊香爐，刻於明嘉靖三十年（1551 年）。（左頁圖）

右邊香爐造型局部（上圖）
優曇花。此花三千年才開花，開花時有轉輪聖王出世。在此陳列為表法作用，表示佛法在世間受到的珍重。有言道：「一失人身萬劫難復，世之千金難買佛之一法。」（下圖）

觀音殿右邊香爐，刻於明嘉靖三十四年（1555 年）。

在三位主尊大士的左右兩壁，環立著栩栩如生的五百羅漢像。在中國，象徵吉祥與力量的五百羅漢幾乎是家喻戶曉。羅漢是永除煩惱，永被供養，永免生死輪迴之苦的修行者，是小乘佛教修行的最高果位。五百羅漢的說法，起源於隨侍釋迦牟尼左右的五百弟子。唐代著名雕塑家楊惠之曾在河南府廣愛寺塑了五百羅漢，這是現知最早的漢化五百羅漢像。至於五百羅漢的名字，最初純是後人牽強附會臆造出來的（近現代佛教寺院所塑的五百羅漢像，名號則均以《嘉興續藏》爲依據）。眾羅漢的奇姿異態，也出自匠人們的創作靈感，並沒有佛經史料依據。正因爲如此，羅漢的塑像受儀軌限制比較少，容許作者憑自己的生活感受，發揮藝術想像能力，創造的作品在所有佛教的雕塑群像中也就顯得比較有生氣了。

【五百羅漢——造像獨特・細膩傳神】

新津觀音殿裏的五百羅漢，因受大殿空間的侷限，藝人們別具匠心地「一分爲二」，分塑成大小二批羅漢。大殿兩側木龕內是高達一點九公尺、工藝特別細膩傳神的四十六尊大羅漢。這是根據《法位元記》的「十八羅漢」和《景德傳燈錄》的「西天二十八祖」而塑成的。其餘四百多高約五十公尺的小型羅漢，則雕塑在以海水背景爲襯托的廂壁上。

這些塑像擺脫了佛教傳統泥塑千人一面的模式和正襟危坐的呆板模樣。每個羅漢都有自己獨特的個性，像貌表情和動作神態無一雷同。有的憨厚可愛，有的陰險狡詐；有的豁達大度，有的謹小慎微；有的勇武威風，有的膽小如鼠；有的清心靜坐，有的劍拔弩張，其形態之逼真，栩栩宛若眞人。眾羅漢的衣著更是五花八門，色彩繽紛，充滿著濃厚的生活氣息。從製作工藝和藝術匠心上，都體現了創作者超出常流的才華和心智。

觀音殿五百羅漢塑像，由左至右為 1 號至 6 號大羅漢。

觀音殿五百羅漢塑像，由左至右為 7 號至 10 號大羅漢。（上圖）
觀音殿五百羅漢塑像，9 號大羅漢的優雅端莊造型。（右頁圖）

觀音殿五百羅漢塑像，由左至右為 11 號至 13 號大羅漢。

觀音殿五百羅漢塑像，由左至右為 14 號至 17 號大羅漢。

觀音殿五百羅漢塑像，由左至右為 17 號至 20 號大羅漢。

觀音殿五百羅漢塑像，由左至右為 19 號至 23 號大羅漢。

觀音殿五百羅漢塑像，由右至左為 24 號至 28 號大羅漢。

觀音殿五百羅漢塑像，由右至左為 28 號至 32 號大羅漢。

觀音殿五百羅漢塑像，由右至左為 31 號至 34 號大羅漢。

觀音殿五百羅漢塑像，由右至左為 35 號至 38 號大羅漢。

觀音殿五百羅漢塑像，由右至左為 38 號至 43 號大羅漢。(上圖)
觀音殿五百羅漢塑像，由右至左為 43 號至 46 號大羅漢。(左頁圖)

觀音殿五百羅漢塑像，由左至右為 4 號至 6 號大羅漢。（上圖）
觀音殿五百羅漢塑像，由左至右為 1 號至 3 號大羅漢。（右頁圖）

觀音殿五百羅漢塑像，由左至右為 7 號至 8 號大羅漢。（上圖）
觀音殿五百羅漢塑像，10 號大羅漢。（左頁圖）

觀音殿五百羅漢塑像，由左至右為 11 至 13 號大羅漢。

觀音殿五百羅漢塑像，由左至右為 11 號至 16 號大羅漢。

觀音殿五百羅漢塑像，由左至右為 17 號至 18 號大羅漢。

觀音殿五百羅漢塑像，由左至右為 19 號至 21 號大羅漢。

觀音殿五百羅漢塑像，由左至右為 22 號至 23 號大羅漢。

觀音殿五百羅漢塑像，由右至左為 24 號至 25 號大羅漢。

觀音殿五百羅漢塑像，28 號大羅漢。

觀音殿五百羅漢塑像，由右至左為 29 號至 30 號大羅漢。

觀音殿五百羅漢塑像，由右至左為 31 號至 32 號大羅漢。

觀音殿五百羅漢塑像，由右至左為 33 號至 34 號大羅漢。

觀音殿五百羅漢塑像，由右至左為 35 號至 37 號大羅漢。（上圖）
觀音殿五百羅漢塑像，39 號大羅漢。（左頁圖）

廣　告　回　郵
北區郵政管理局登記證 北台字第 7166 號
免　貼　郵　票

藝術家雜誌社 收

100 台北市重慶南路一段147號6樓

6F, No.147, Sec.1, Chung-Ching S. Rd., Taipei, Taiwan, R.O.C.

Artist

姓　　名：＿＿＿＿＿＿＿＿＿ 性別：男□ 女□ 年齡：＿＿＿＿

現在地址：＿＿＿＿＿＿＿＿＿＿＿＿＿＿＿＿＿＿＿＿

永久地址：＿＿＿＿＿＿＿＿＿＿＿＿＿＿＿＿＿＿＿＿

電　　話：日／＿＿＿＿＿＿＿＿＿ 手機／＿＿＿＿＿＿＿＿＿

E-Mail：＿＿＿＿＿＿＿＿＿＿＿＿＿＿＿＿＿＿＿＿

在　　學：□ 學歷：＿＿＿＿＿＿＿＿ 職業：＿＿＿＿＿＿＿＿

您是藝術家雜誌：□今訂戶　□曾經訂戶　□零購者　□非讀者

客戶服務專線：**(02)23886715**　E-Mail：**art.books@msa.hinet.net**

人生因藝術而豐富・藝術因人生而發光

藝術家書友卡

感謝您購買本書，這一小張回函卡將建立您與本社間的橋樑。我們將參考您的意見，出版更多好書，及提供您最新書訊和優惠價格的依據，謝謝您填寫此卡並寄回。

1.您買的書名是：＿＿＿＿＿＿＿＿

2.您從何處得知本書：

□藝術家雜誌 □報章媒體 □廣告書訊 □逛書店 □親友介紹
□網站介紹 □讀書會 □其他

3.購買理由：

□作者知名度 □書名吸引 □實用需要 □親朋推薦 □封面吸引
□其他＿＿＿＿＿＿＿＿

4.購買地點：＿＿＿＿＿＿市（縣）＿＿＿＿＿＿書店

□劃撥 □書展 □網站線上

5.對本書意見：（請填代號1.滿意 2.尚可 3.再改進，請提供建議）

□內容 □封面 □編排 □價格 □紙張
□其他建議＿＿＿＿＿＿＿＿

6.您希望本社未來出版？（可複選）

□世界名畫家 □中國名畫家 □著名畫派畫論 □藝術欣賞
□美術行政 □建築藝術 □公共藝術 □美術設計
□繪畫技法 □宗教美術 □陶瓷藝術 □文物收藏
□兒童美育 □民間藝術 □文化資產 □藝術評論
□文化旅遊

您推薦＿＿＿＿＿＿作者 或＿＿＿＿＿＿類書籍

7.您對本社叢書 □經常買 □初次買 □偶而買

觀音殿五百羅漢塑像，由右至左為 40 號至 41 號大羅漢。

觀音殿五百羅漢塑像，42 號大羅漢。

觀音殿五百羅漢塑像，44 號大羅漢。（上圖）
觀音殿五百羅漢塑像，43 號大羅漢。（右頁圖）

觀音殿五百羅漢塑像，45 號大羅漢。（上圖）
觀音殿五百羅漢塑像，46 號大羅漢。（左頁圖）

觀音殿五百羅漢塑像，壁上的小型羅漢。（左、右頁圖）

觀音殿五百羅漢塑像，壁上的小型羅漢。（左、右頁圖）

觀音殿五百羅漢塑像，壁上的小型羅漢。（左、右頁圖）

觀音殿五百羅漢塑像，壁上的小型羅漢。（左、右頁圖）

觀音殿五百羅漢塑像，壁上的小型羅漢。（左、右頁圖）

觀音殿五百羅漢塑像，壁上的小型羅漢。（左、右頁圖）

觀音殿五百羅漢塑像，壁上的小型羅漢。（左、右頁圖）

觀音殿五百羅漢塑像，壁上的小型羅漢。（左、右頁圖）

觀音殿五百羅漢塑像，壁上的小型羅漢。（左、右頁圖）

觀音殿五百羅漢塑像壁上的建築山川彩雲景物。（上圖）
觀音殿五百羅漢塑像，壁上的小型羅漢。（右頁圖）

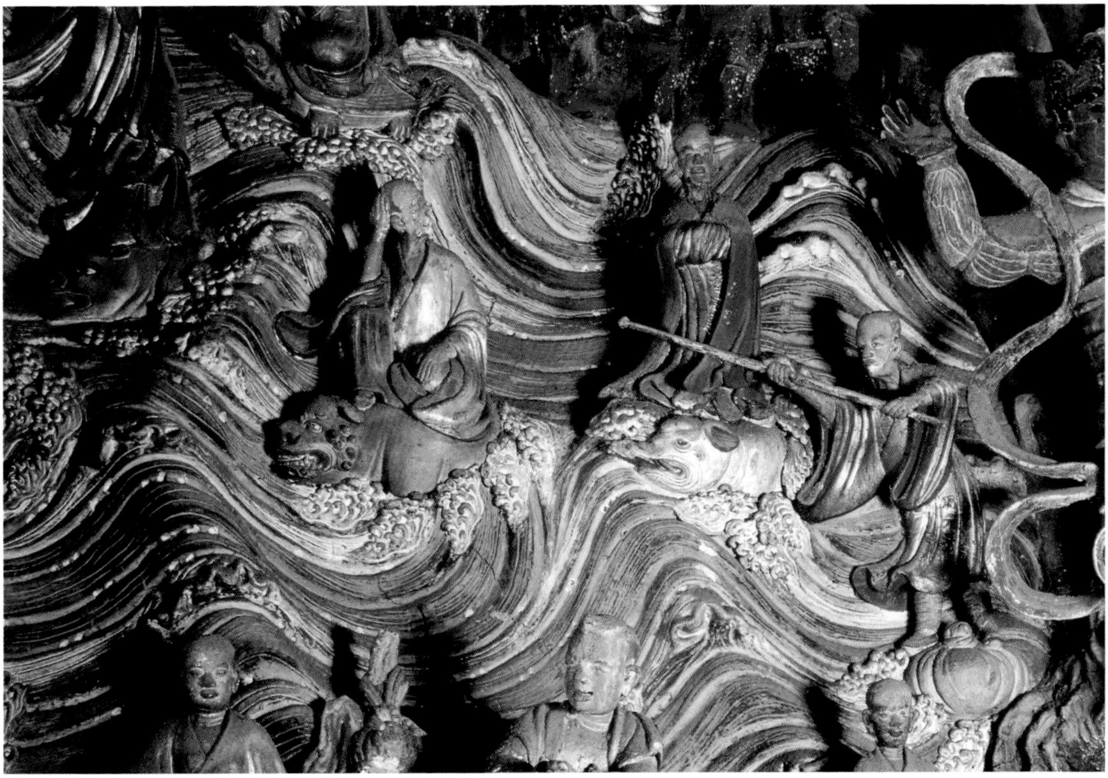

觀音殿五百羅漢塑像，壁上的小型羅漢。（上圖）
觀音殿五百羅漢塑像，壁上的小型羅漢身上刻有信士名字。（右頁圖）

觀音殿五百羅漢塑像，壁上的小型羅漢。

觀音殿五百羅漢塑像，壁上的小型羅漢身上刻有信士名字。

觀音殿五百羅漢塑像，壁上的小型羅漢。（左、右頁圖）

觀音殿五百羅漢塑像，壁上的小型羅漢。（左、右頁圖）

觀音殿五百羅漢塑像，壁上的小型羅漢。（左、右頁圖）

觀音殿五百羅漢塑像，壁上的小型羅漢。（左、右頁圖）

觀音殿五百羅漢塑像，壁上的小型羅漢。（左、右頁圖）

觀音殿五百羅漢塑像，壁上的小型羅漢。（左、右頁圖）

觀音殿五百羅漢塑像，壁上的小型羅漢。（左、右頁圖）

觀音殿五百羅漢塑像，壁上的小型羅漢。（左、右頁圖）

觀音殿五百羅漢塑像，壁上的小型羅漢。（左、右頁圖）

觀音殿五百羅漢塑像，壁上的小型羅漢。（左、右頁圖）

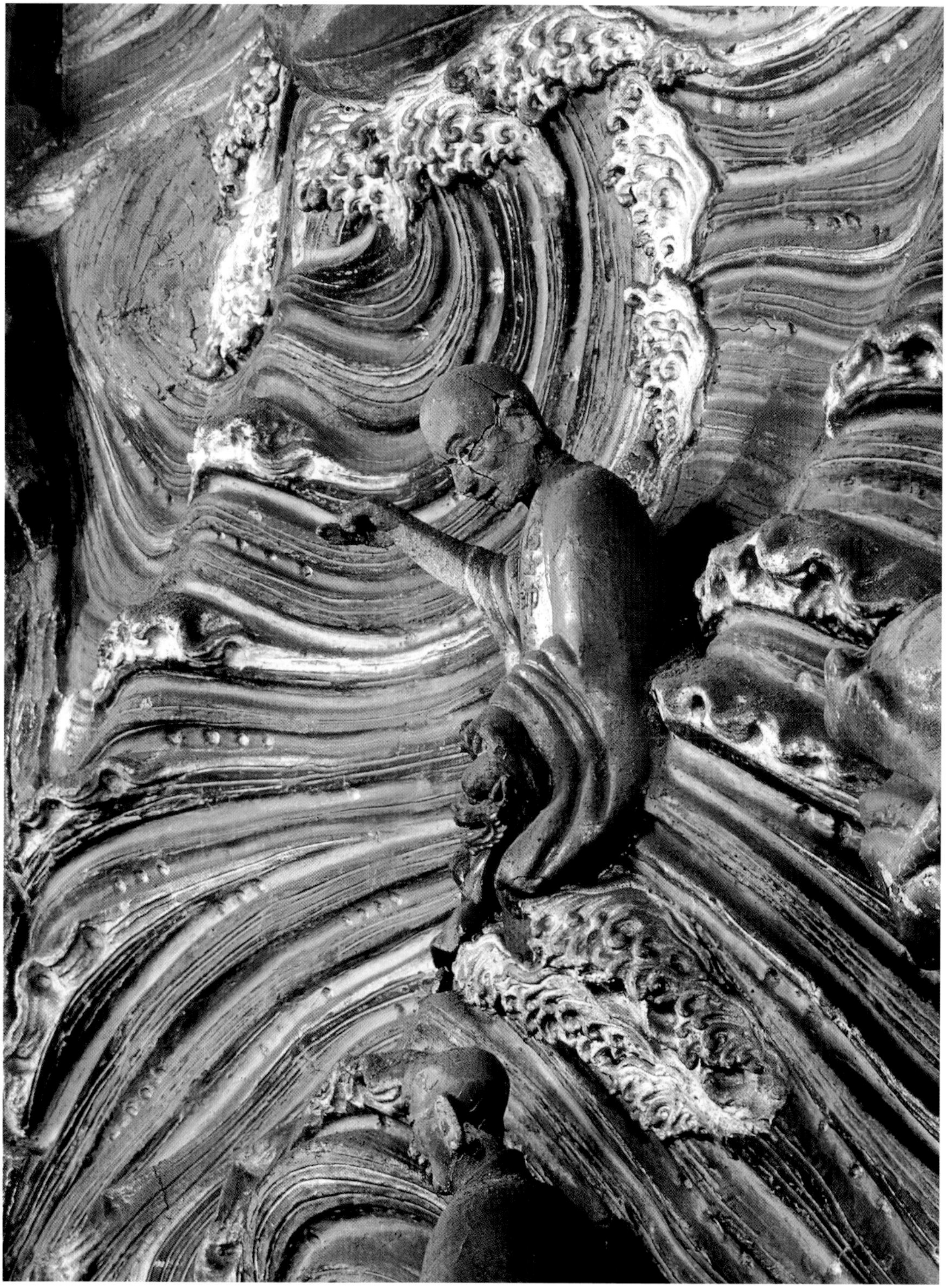

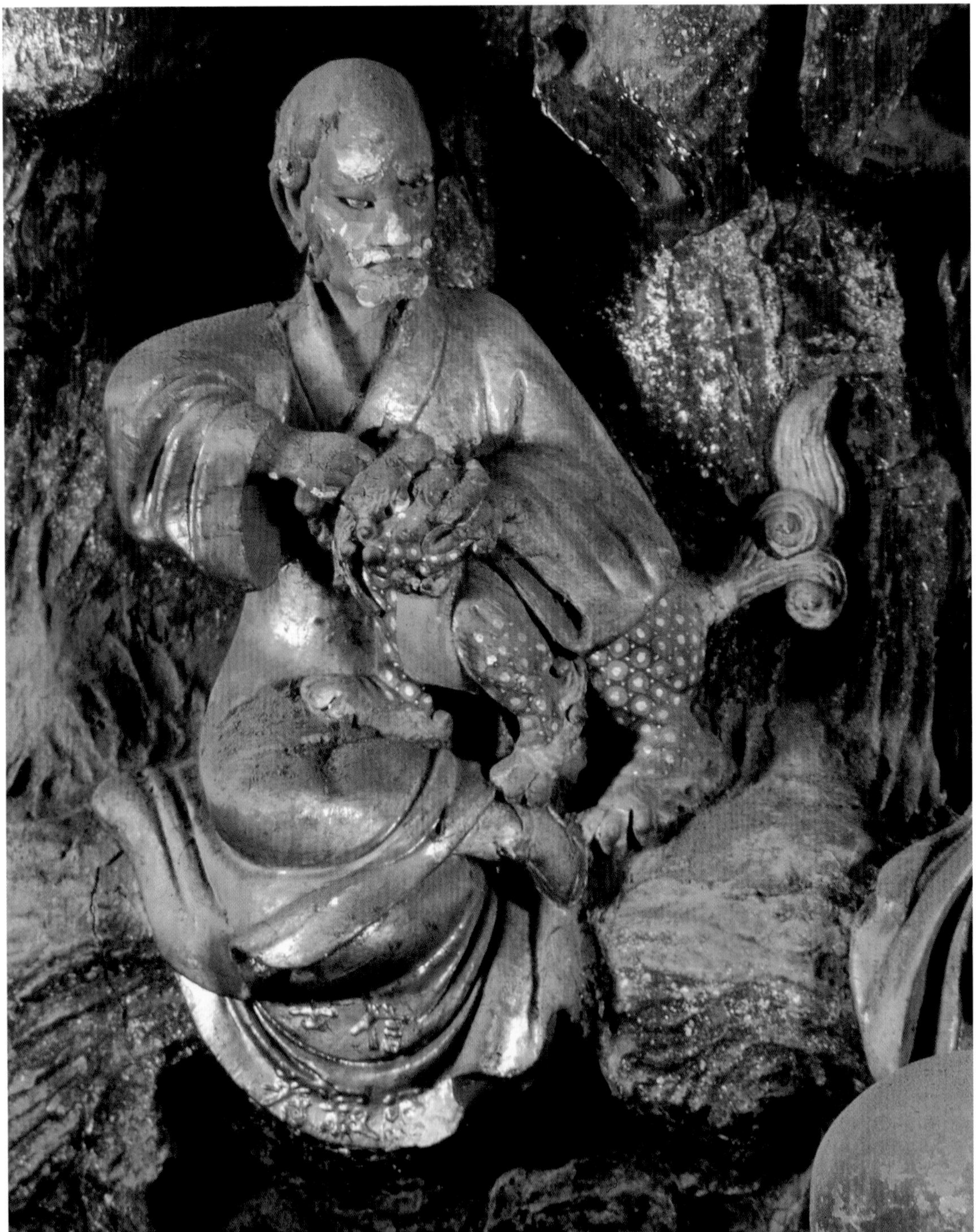

觀音殿五百羅漢塑像，壁上的小型羅漢。

更重要的是，我們在羅漢群塑裏看到的，與其說是神仙世界的羅漢，不如說是現實生活中的眾生。他們中有漁夫、樵夫、市民、小販、農人、武士、書生、優伶、百工，以及公卿大夫等等，實際上是當時社會不同階層各類人物的藝術再現。這從一個側面體現了「佛法平等」、「眾生皆有佛性」的大乘思想。

繞過觀音三大士像，背後是觀音寺中另一處爲世人稱道的藝術珍品——四川峨嵋山、浙江普陀山和山西五臺山的全景浮雕像。這三座佛教名山，分別是普賢、觀音、文殊三菩薩恒常顯化的道場，展示了「文殊之大智、觀音之大悲、普賢之大行」這一佛教慈悲濟世的精神核心。而其中最爲精美、被美術界譽爲「東方維納斯」的塑像，是位於整座浮雕正中、以浙江普陀勝景爲背襯的飄海觀音雕像。

【飄海觀音——重彩鎏金．神采飄逸】

飄海觀音，又稱海島觀音、渡海觀音，是近現代大型漢化佛寺中常見的最漂亮熱鬧的一大組群像。塑像主體部分均爲重彩鎏金，一望無際的南海上，波濤洶湧，氣勢壯闊；右側屹立著懸崖峭壁、流水淙淙的普陀仙山，一隻巨大的鰲魚，昂首擺尾，破浪暢游在水中；鰲頭上站立的觀音菩薩，高二點四八公尺，手持淨瓶柳枝，神采飄逸，從半浮雕的背景畫面中脫穎而出，以全塑的立體形象，突現在浩渺的海面上。她體態勻稱，端莊秀美，溫柔優雅，超凡脫俗。海風吹動菩薩衣袂，靜中有動，動中有靜，栩栩如生，活靈活現，若即若離，呼之欲出，令壁前觀者大有身臨其境之感。

殿中的一副楹聯，揭示了觀音菩薩的非凡神力和大悲精神：

佇腳踏鰲頭，提坊滄桑橫流日；

以手援天下，實現金剛不壞身。

雕塑飄海觀音在藝術表現手法上，繼承了我國唐宋時期造型豐滿而不臃腫，線條流暢而不輕薄，刻劃細膩而不瑣碎的特色，擺脫了歷來佛教造像只求莊嚴，不講情趣的束縛，大膽地捨去了背屏、佛龕等塑造菩薩的程式和布局，而將觀音置於南海的實景布局核心，通過鰲魚頭尾出沒在驚濤駭浪中，來顯示出觀音的挺拔和神威。

爲了增加壁塑的氣魄，古代雕塑家又採用了眾星捧月的構圖形式，錯落有致地把數十尊各駕水獸的眾佛弟子，分布在飄海觀音和鰲魚的四周，讓這些在風浪中出沒的眾佛弟子，緊緊地與飄海觀音的主體塑像交相呼應，形成一種氣勢磅礴、洶湧澎湃、波浪滔天的神話色彩和濃郁的生活韻味，從而體現了一種理想化了的宗教精神境界，表現出了塑像藝人獨到的藝術構思和高超的創作水平。

新津觀音寺觀音殿全貌

觀音殿內塑像全部用楠木、柏木作身架，先用稻草包紮，再用黃泥、稻草、棕絲粉糊，最後用觀音土（即白泥）、棉花、桐油和糯米漿混合捶爛粉糊，之後再貼絲棉紙，然後在絲紙上粉彩，最後再貼上金箔。此懸塑壁上有觀音、文殊、普賢及小羅漢等諸多佛像。

文殊菩薩位於觀音菩薩的左邊，端坐在場景為五臺山的道場，體現出一種大智之神韻。

文殊菩薩位於觀音菩薩的左邊，端坐在場景為五臺山的道場，體現出一種大智之神韻。上圖為文殊菩薩側面像，右頁圖為文殊菩薩正面像。

普賢菩薩位於觀音菩薩的右邊，端坐場景為峨嵋山的道場。可惜面部和身體已開裂。在距今四百年的歲月中，一個廟宇的泥塑絕大部分十分完整，僅有少量泥塑開裂，已是十分稀罕的事。

飄海觀音周圍還如眾星拱月似地點綴著數十尊菩薩眷屬，他們各馭奇形水獸，亦出沒於普陀山道場海濤峰谷之間，與飄海觀音的主體塑像交相呼應，其梵音裊裊，海濤陣陣，形神俱妙，呼之欲出，令壁前觀者大有身臨其境之感。

飄海觀音雕像高約二點五公尺，懸塑在離地兩公尺多高的空中，由其腳下踩踏的大鰲與背壁相連，塑像主體部分均為重彩鎏金，觀音目光凝定，手持淨瓶，足踏巨鰲，置身在波濤洶湧的南海普陀山中。正如大殿楹聯「立足跨鰲頭，堤坊滄桑橫流日；以手援天下，實現金剛不壞身」的意境，在洪濤巨浪中體現了「縱橫自在」與「如如不動」的真精神，可謂深得一動一靜、自然之道的妙趣。（左、右頁圖）

飄海觀音正面像（局部），手持淨瓶，目光凝定，主體部分均為重彩鎏金。

飄海觀音立體全身像，足踩鰲頭，身後為南海普陀山的海濤。

四大金剛塑像　在飄海觀音、文殊和普賢菩薩懸塑的兩邊和中間分別塑有四大金剛像。（左、右頁圖）

四大金剛塑像　在飄海觀音、文殊和普賢菩薩懸塑的兩邊和中間分別塑有四大金剛像。（左、右頁圖）

【驚世絕倫的毗盧殿明代壁畫】

觀音寺的毗盧殿是專爲供奉毗盧遮那佛而建造的。殿宇面闊三間，即當心間、左右二次間，共十點七二公尺，進深六架椽共十點九公尺。

該殿正中塑像爲三身佛，即居中的法身佛、在其左側（東側）的報身佛，與其右側（西側）的應身三佛。

天台宗認爲毗盧遮那佛爲法身佛，即先天就具有的體現佛法的佛本身，他又稱「大日如來」，「光明普照佛」，「除暗遍明佛」，按梵音直譯，爲「光明遍照一切處」之意。密宗最崇敬的就是毗盧遮那佛。

盧舍那佛爲報身佛，是指以法身爲「因」，經過修習而獲得的佛果之身。

釋加牟尼佛爲應身佛，是指佛爲度脫世間眾生需要示現之身。有人爲「一佛三身」打了個形象化的比喻：法身像有似領導者的標準像，報身像有似貼在博士學位證書上的像，應身像則有似貼在工作證上的像。這三佛同殿時，模樣相同，區別在於手勢印相：毗盧遮那佛的手勢爲菩提印，盧舍那佛的手勢爲禪定印，釋加牟尼佛的手勢爲施無畏印。

三身像前有一座明代三層石刻香爐，端穩莊重，古色古香。第一層香爐盤口刻十二伎樂、琵琶、笙簫等樂器，中層刻佛教故事，下層刻纏枝牡丹、雲紋卷草圖案。毗盧殿的左右廂壁上便是被譽爲觀音寺「鎮寺之寶」的明代壁畫。

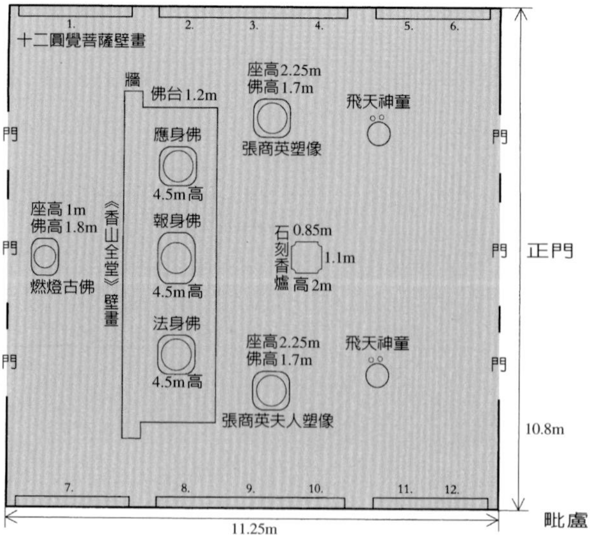

毗盧殿平面位置圖

供奉釋迦牟尼三身像的四川新津觀音寺毗盧殿全貌（本頁兩圖）

位於毗盧殿正中央的釋迦牟尼三身像。中間是清淨法身毗盧遮那佛，手勢為菩提印，法身就是佛的本身，代表絕對的真理，也是宇宙萬物的本體，每一個人都具足，每一個衆生的法身是共同的，盡虛空遍法界是一個自己，迷失了法身即變成凡夫。右邊是圓滿報身盧舍那佛，手勢為禪定印，表示證得絕對真理而自受法樂的佛身，是修德的智慧，有始無終，表真正的自利。左邊是千百億化身釋迦牟尼佛，手勢為施無畏印，表示佛為度脫世間衆生，隨三界六道的不同狀況和需要而現之身，幫助一切衆生覺悟。

在毗盧殿釋迦牟尼三身佛的兩邊各塑一個腳踩雲彩的飛天神童，此為右邊的飛天神童。

在毗盧殿三身佛的兩邊各塑一個腳踩雲彩的飛天神童，此為左邊的飛天神童。

飛天神童　在毗盧殿的兩根紅柱上有腳踩一絲雲彩的飛天神童四個，神情生動，栩栩如生。

飛天神童　在毗盧殿的兩根紅柱上有腳踩一絲雲彩的飛天神童四個，神情生動，栩栩如生。

燃燈古佛　在毗盧殿的後門，有一尊石刻佛，名「燃燈古佛」，為大明弘治十一年雕刻。在《瑞應本起經》中說，釋迦牟尼宿世曾買五莖蓮花供養此佛，蒙燃燈佛援記。

供養人宋代少保張商英塑像

殿中三身像前有一座三層鏤空石刻香爐，刻於明成化五年（1470年）。第一層香爐盤口下所刻十二伎樂，琵琶、笙、簫、鈴、阮等彈撥吹奏樂器。中層刻佛教故事，下層刻纏枝牡丹、雲紋卷草圖案。

石刻香爐局部，可見出佛像故事人物造形的渾厚風格。（左、右頁圖）

石刻香爐局部，由人物活潑多變的造型，可見當時雕工的細膩純熟。（左、右頁圖）

【毗盧殿明代壁畫──十二圓覺菩薩像】

全殿壁畫共有七鋪，面積九十四平方公尺，繪製於明憲宗成化四年（一四六八年），分別置於毗盧殿左右側和後壁上，每鋪長三至三點三公尺，高三點一五公尺，分爲上、中、下三層。上層繪飛天、幢幡寶蓋和天宮奇景，中層繪十二圓覺菩薩和二十四諸天，下層繪龕座、神獸、供養人像。在佛龕背後，還繪製有精彩紛呈的「香山全堂」。其中最精妙的壁畫，是十二圓覺菩薩、二十四諸天及十三個供養人像。

十二圓覺是密教崇奉的著名菩薩群體。觀音寺久負盛名的十二圓覺菩薩壁畫，是根據唐代西域高僧佛陀多羅所譯《圓覺經》而創作的。《圓覺經》全稱爲《大方廣圓覺修多羅了義經》，「圓覺」就是圓滿的覺性，圓滿的修行，圓滿的智慧。《圓覺經》是一切佛法的總持，對後世中國佛教文化影響極大。該經分爲十二章，內容描述文殊、普賢等十二位圓覺菩薩向佛請法，而釋迦牟尼佛分層次地宣說大圓覺的妙理。

觀音寺毗盧殿壁畫的十二圓覺菩薩像，按廟門的相同方向，排列如下（十二菩薩各像位置請見156頁圖）：

左邊

1. 清淨慧菩薩
2. 普眼菩薩
3. 彌勒菩薩
4. 威德自在佛菩薩
5. 文殊菩薩
6. 圓覺菩薩

右邊

7. 普賢菩薩
8. 金剛藏菩薩
9. 辨音菩薩
10. 淨諸業障菩薩
11. 普覺佛菩薩
12. 賢善首佛菩薩

普賢菩薩像──自體之性周遍叫「普」，隨緣成德叫「賢」，表大行由智起行，達到行解不二，即證毗盧遮那佛。（左頁圖）在佛龕背後有清乾隆二十一年十月重新繪製的「香山全堂」，係觀音菩薩的修行事跡。（右圖）

普賢菩薩像局部。普賢菩薩「諸幻盡滅，覺心不動」的修行法門，透過畫工生動的人物形象繪製，其表情自然內涵豐富，將其修行法門寓教於美輪美奐的藝術造型之中。（左、右頁圖）

普賢菩薩像局部。普賢菩薩「諸幻盡滅，覺心不動」的修行法門，透過畫工生動的人物形象繪製，其表情自然內涵豐富，將其修行法門寓教於美輪美奐的藝術造型之中。（左、右頁圖）

金剛藏菩薩——「金剛」比喻堅、明、利，堅固不移的信，破一切懷疑，才有功德。「藏」表破疑後功德的庫藏。

辨音菩薩——佛一音說法，表能細辨法音，善巧代大衆提問。

淨諸業障菩薩——一切業障由思想而來，「淨諸業障」表修行人怎麼把自己思想看破，不執著思想上，也不執著在一切行為上。（左、右頁圖）

普覺菩薩與賢善首菩薩像，觀音寺毗盧殿明代壁畫，描繪精密，造型優美生動，色彩富麗。普覺菩薩與普覺菩薩採用鐵線描勾勒，突出了凝重行願的特徵。賢善首菩薩人物形象，按照《造像亮度經》要求繪製，但人物服飾的細節與面部表情刻劃得唯妙唯肖，生動活潑。

普覺菩薩面部造型——「普覺」表心念要永遠清淨，發心度脫一切眾生，使其究竟證入圓覺。

賢善首菩薩面部造型——「賢」表柔順，「善首」表《圓覺經》中最要緊的是什麼，「賢善首」表佛法功德裡面最要緊的功德。

普覺菩薩與賢善首菩薩
像前方站立的神像造型
局部。（左、右頁圖）

普覺菩薩與賢善首菩薩像前方站立的神像造型局部。（左、右頁圖）

觀音寺毗盧殿左邊的菩薩像，由左至右為普眼菩薩、彌勒菩薩與威德自在菩薩像，畫工對每一個人物的衣飾細節和面部表情，都刻畫得唯妙唯肖，生動活潑，並無因傳統宗教藝術內容嚴肅而流於僵化刻板。（上圖）
普覺菩薩與賢善首菩薩像前方站立的神像造型局部。（右頁圖）

威德自在菩薩——「威德自在」表修三觀成功後，有大威勢，足以降服惡魔，有大慈德，堪可救助衆生。（右頁圖）

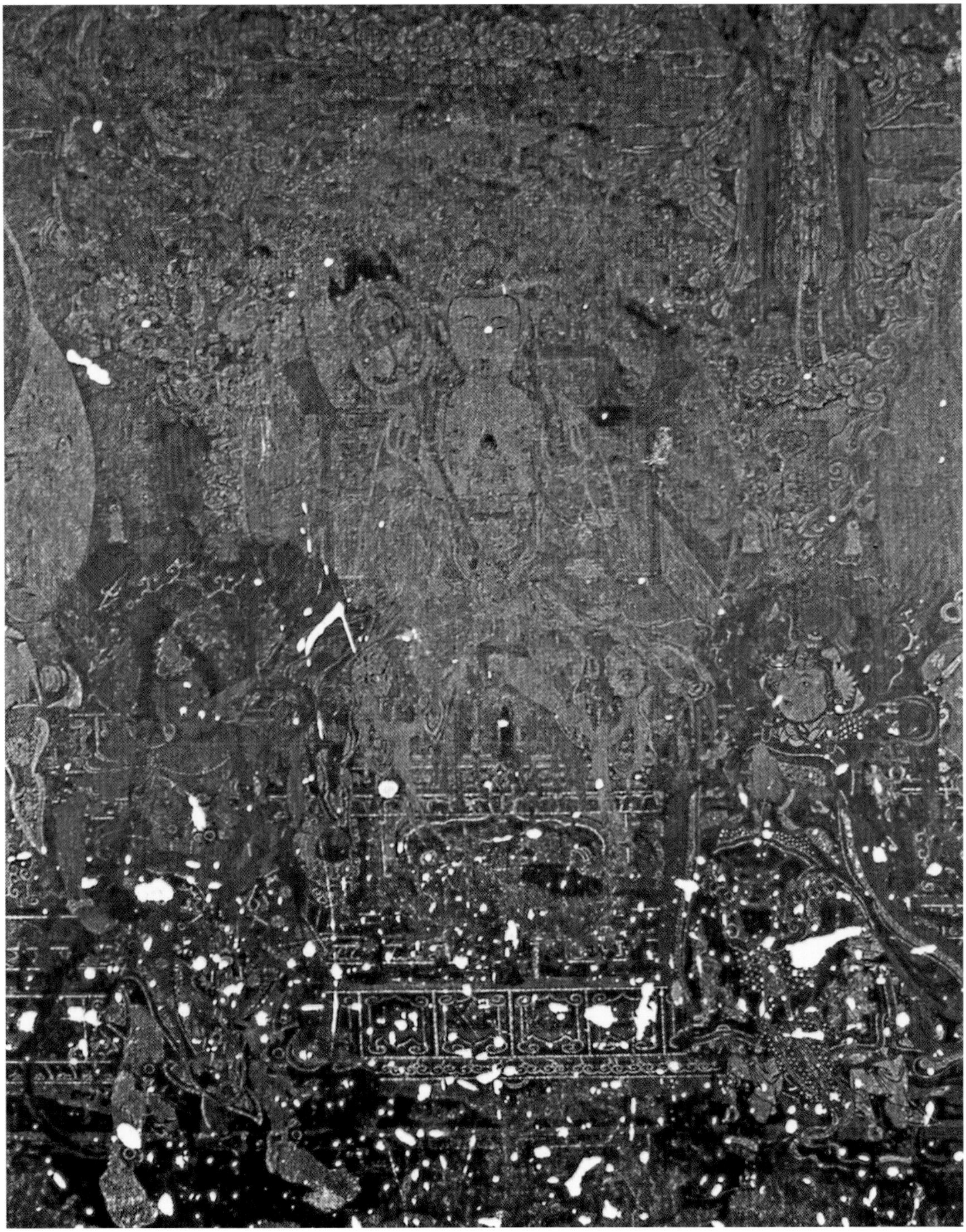

彌勒菩薩——譯成中文叫「無勝」菩薩，勝德超過大衆，在《圓覺經》中提出了什麼是輪迴的根本問題他是等覺菩薩，一生即補佛位，所以表示除去細微迷惑，就能證得究竟圓覺。

普眼菩薩——普觀一切法性清淨，自得解脫，「普」是普渡衆生，普開衆生智慧眼目亦即觀世音的慈眼，表示我們不能只看眼前一點小事，要看到 普天下的衆生。

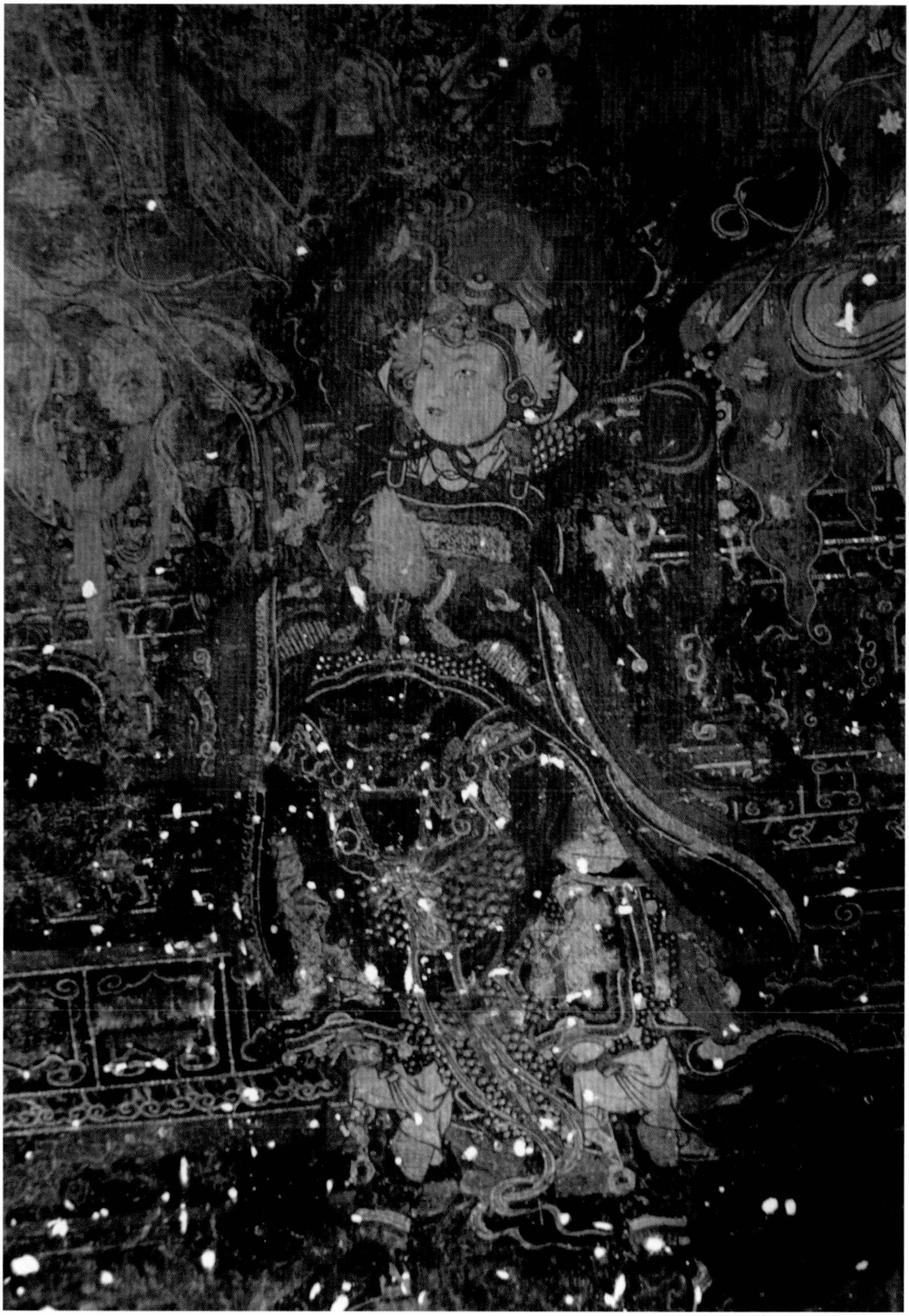

普眼菩薩、彌勒菩薩與威得自在菩薩像前的貨持者。

普眼菩薩、彌勒菩薩與威得自在菩薩像前的貨持者（局部）。（上圖）
普眼菩薩、彌勒菩薩與威得自在菩薩像前的貨持者。（左頁圖）

普眼菩薩、彌勒菩薩與威德自在菩薩像前的貨持者（局部）。

文殊菩薩與圓覺菩薩像　左為文殊菩薩，右為圓覺菩薩。壁畫色調柔和，所繪菩薩像，身材勻稱，臉龐圓潤，鳳目低垂，櫻唇微閉，不僅畫出菩薩的豐潤飽滿，也表現了菩薩的溫純慈祥。特別是文殊菩薩所披薄紗上的雪花圖案，筆法精細，把絲的質感表現得淋漓盡致。

圓覺菩薩——「圓覺」表圓修法義，圓滿成佛。《圓覺經》中講上、中、下三種根基的人的修行方法，依其方法圓修法義而成佛，即稱「圓覺」。

文殊菩薩——「文殊」表智慧，即信解證入的大智慧。

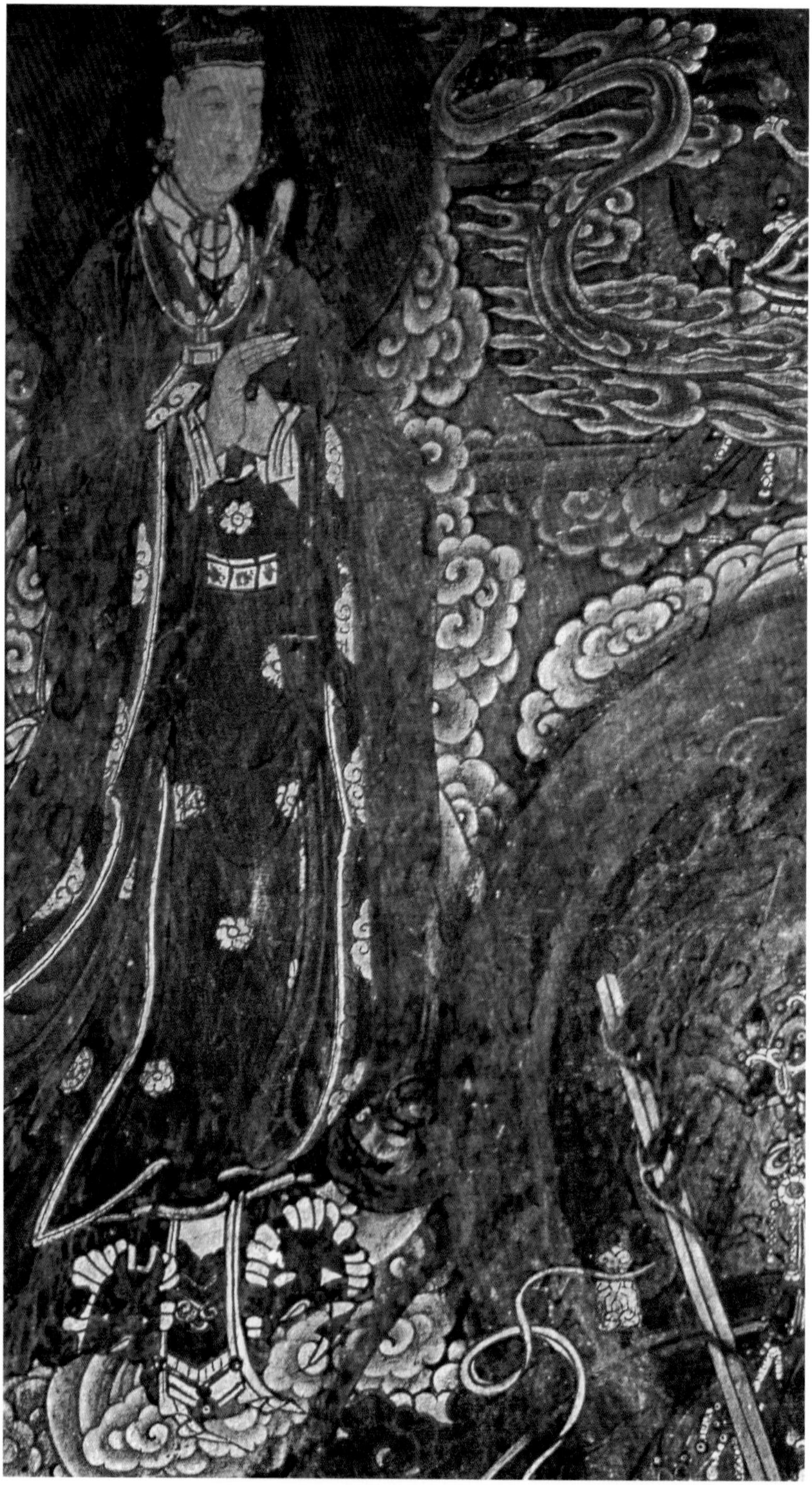

文殊菩薩後方之護法神。

諸天則是佛教中諸位尊天的簡稱。他們是佛教中管領一方的天神，是佛法的護持者，常被塑在大雄寶殿兩側，且各前傾約十五度，以示對佛的尊敬。漢化的諸天，一般是二十位，稱「二十天」，也有「二十四天」或「二十八天」的。毗盧殿內的壁畫是二十四天，從圓覺菩薩開始排列次序如下（1 至 12 諸天位於廟門左邊方向，13 至 24 諸天位於廟門右邊方向）：

1. 緊那羅王尊天
2. 婆迦尊天
3. 功德尊天
4. 月宮尊天
5. 菩提樹神尊天
6. 訶梨帝喃尊天
7. 金剛帝喃尊天
8. 韋馱尊天
9. 持國尊天
10. 廣目尊天
11. 大梵天王尊天
12. 散脂大將尊天
13. 星宿尊天
14. 雷神大將尊天
15. 日宮尊天
16. 閻摩羅王尊天
17. 堅牢地神尊天
18. 娑竭龍王尊天
19. 鬼子母尊天
20. 摩醯首羅尊天
21. 增長尊天
22. 多聞尊天
23. 大辯才尊天
24. 帝釋尊天

總的來說，大殿東西兩壁共六鋪壁畫，所繪十二圓覺菩薩及二十四諸天護法眷屬，加上四周天官、天女、供養人等，共計有四十九個人物形象。整個壁畫的線描技法，嫻熟地採用了中國傳統的蘭葉描、鐵線描、釘頭鼠尾描等，色調柔和，線條流暢，色彩明麗。由於壁畫可以比較自由地添加雲彩、侍從、法器道具、花卉鳥獸等作爲陪襯，所以畫面更加顯得飄逸生動。

壁畫中所繪菩薩像，身材勻稱，臉龐圓潤，鳳目低垂，櫻唇微閉，不僅畫出了菩薩的豐潤飽滿，也表現了菩薩的溫存慈祥。畫面運思精湛絕妙，下筆鬼斧神工，具有很強的藝術魅力。菩薩們身上所披之雪白細紗，皆用珍珠粉勾勒紗紋線條，精心描繪出蛛絲般微妙的衣飾細節，具有輕薄透明、如沐春風的質感，無怪乎人們稱其爲驚世絕倫的國之瑰寶。

而在所有壁畫形像中堪稱極致的，則是右壁第二鋪最後一幅「清淨慧菩薩」。清淨慧菩薩在佛教中象徵著用清淨圓明的深妙智慧破除修行中的障阻和執著。在這幅壁畫中，菩薩微目沉思，手銜如意，慧目微開，肌膚以珍珠粉暈染，瓔珞寶飾全身，整個畫面寧靜自在，吉祥安謐，於裊裊生風的衣帶裙裾中，透出一股纖塵不染的清淨智慧之氣。藝人們用珍珠粉勾勒出雪白細紗的紗紋線條，將絲織品特有的輕薄透明的質感表現得淋漓盡致，充分展現了女性美的形體特徵和內在氣質，國人稱之爲「東方蒙娜麗莎」，是中國現存壁畫中絕無僅有者。古代藝人的高超技藝，至今仍爲畫家們讚不絕口。

毗盧殿壁畫中的菩薩、諸天和供養人像，全部按照《造像量度經》規定來繪製的，不過半跏趺座的菩薩高度爲一點八公尺，諸天的高度則爲一點五公尺，供養人只有零點九公尺或一公尺左右。儘管人物形象和比例按定式繪製，但各尊菩薩的服飾根據各自在教內的不同象徵，在線條描技法選用上又相當靈活自如，比如圓覺菩薩，採用蘭葉描勾勒，以顯其圓潤親和之特色；而普覺菩薩，則採用鐵線描勾勒，以突出其凝重行願的特徵。

毗盧殿的後壁繪有妙莊王三個女兒出嫁修行的故事。畫面人物，主像如眞人大小，形象、氣質各具特點，儀態安詳端莊，宛若生人。背景以山水草木、樓閣亭台襯托，布局得當，錯落有致。

佇立在毗盧殿造型優美、線條細膩的壁畫前，只覺天衣飄揚，滿壁風動，眾多佛神，形象鮮活，表情自然，內涵豐富，在美輪美奐的藝術造型中，寓托著莊嚴端肅的宗教思想。

清淨慧菩薩像前方之護法神（右圖）
清淨慧菩薩像，畫像的運思精湛絕妙，畫工技藝超群，呈現出清淨慧菩薩在佛教中象徵的清淨圓明的深渺智慧。（左頁圖）

【圖版索引】

文殊菩薩與圓覺菩薩中間後方之護法神像，姿態飄逸優雅。筆法精細，把絲的質感表現得淋漓盡致。

攝影者簡介

馬元浩

1944 年　出生於上海
1965年　畢業於上海財經學院
1980 年　中國攝影家協會會員
1984 年　任中央電視台攝製的電視劇《今年在這裡》副導演
1986 年　獲英國皇家攝影學會高級會士（FRPS）頭銜
1990 年　被列入英國劍橋《世界名人錄》（IBC）
1991 年　定居香港
1994 年　在日本東京銀座富士沙龍專業攝影家展覽廳舉辦「遙遠的天路——曬大佛」攝影展
1996 年　在香港大豐堂舉辦「蓮緣」攝影展
1997 年　在上海開設「源源坊」藝術攝影工作室，攝影作品參加上海第一屆藝術博覽會
在台灣出版《雙林寺彩塑佛像》攝影集
1999 年　在香港光華新聞中心舉辦「佳人有約——馬元浩懷舊人物」攝影展
2003 年　在香港成立「香港上海美術家聯合會」，任秘書長
2004 年　自港返滬，成立「蓮緣」馬元浩藝術工作室
2005 年　在海南島博鼇東方文化苑任荷花館館長
在青島雕塑館成立「馬元浩攝影工作室」
任《遺珠古鎮——阮儀三教授致力保護古鎮》六集電視紀實片導演
2006 年　在台灣出版《蓮華接翠觀音寺》攝影集

攝影　馬元浩　　攝影助理　來然良
圖片製作　來然良、黃姝薈

國家圖書館出版品預行編目資料

蓮華接翠觀音寺／ 馬元浩攝影
-- 初版 -- 臺北市；藝術家；2006〔民 95〕

面： 公分 --（佛教美術全集：15）

含索引
ISBN-13 978-986-7034-16-8（精裝）
ISBN-10 986-7034-16-3（精裝）

1.觀音菩薩 -- 圖錄 2.佛像 -- 圖錄

224.52 95015982

佛教美術全集〈拾伍〉

蓮華接翠觀音寺

馬元浩◎攝影／撰文◎林保堯、蘇浙生

發行人 何政廣
主　編 王庭玫
編　輯 謝汝萱、王雅玲
版　型 王庭玫
美　編 雷雅婷
出版者 藝術家出版社
台北市重慶南路一段 147 號 6 樓
TEL：（02）2371-9692~3
FAX：（02）2331-7096
郵政劃撥：01044798 藝術家雜誌社帳戶

總經銷 時報文化出版企業股份有限公司
中和市連城路 134 巷 16 號
TEL：（02）2306-6842

南部區域代理 台南市西門路一段 223 巷 10 弄 26 號
TEL：（06）2617268
FAX：（06）2637698

製版印刷 欣佑印刷
初　版 2006 年 9 月
定　價 新台幣 600 元

ISBN-13 978-986-7034-16-8（精裝）
ISBN-10 986-7034-16-3（精裝）
法律顧問 蕭雄淋

行政院新聞局出版事業登記證局版台業字第 1749 號